法律に強い
Wセミナーの

第2版

面白いほど理解できる

民事訴訟法

民事訴訟法研究会

早稲田経営出版
TAC PUBLISHING Group

は じ め に

（1）本書の特徴

　本書は、法律の入門書シリーズとして、各種資格試験向けの民事訴訟法の学習や、大学における民事訴訟法講義の理解を助けることをコンセプトとしました。そのために、普段から法律初学者を対象に「民事訴訟法」講義を担当している資格試験受験専門校の講師によって執筆された「民事訴訟法入門」の本です。

（2）大学の授業の予習用に

　大学の授業は、予習をすることでその効果を一層高めることができます。

　授業を受ける側が知識ゼロの状態で聴くだけだと、内容が難しくて理解できない箇所が多くなり、理解できなければ面白くないから出席しなくなり、その結果、期末試験前だけ苦労したり最悪単位がとれなかったりという悪循環に陥りがちです。

　しかし、ある程度の前知識があって、今、何の話をしているのかをきちんと把握できれば、大学の授業の面白さは飛躍的に向上しますし、面白ければ、授業に出るのが苦ではなくなるはずです。

　そこで、本書を1冊手元に置いておき、通学の電車内や喫茶店などで軽く次回の予習をしてから授業に臨むことをお勧めします。

（3）各種試験対策に

　本書は、法科大学院入試、新司法試験、司法試験予備試験、司法書士試験など、民事訴訟法を出題科目としている各種資格試験対策としても有用です。

　それぞれに試験対策用の専門教材がありますが、最初は、その本を読み進めること自体に苦戦するのではないかと思います。

　そこで、本書を利用して、まずは民事訴訟法の大枠をざっととらえてしまうことをお勧めします。その上で、各種専門教材を読み進めれば、効率UPにつながるはずです。

（4）総　括

　各種資格試験用の専門教材、大学の講義で使用する基本書などは、それぞれ内容的には素晴らしいものが多いですから、それらを読みこなすための最初の一歩となるような入門書を執筆いたしました。

　本書を手に取って学習される皆さまの理解の一助になれば幸いです。

本書の使い方

> **1テーマ見開き2ページのスッキリ構成だから見やすい！**

007 管轄の分類

ある訴訟をどの裁判所に提起したらよいかを考える基準です

> **取り上げるテーマについて冒頭にQ＆Aが示されています。**

Q 訴訟をどの裁判所に提起するか決まっているの？

A 「管轄」という考え方によって決まっているよ。

管轄の分類

006でみたように管轄とは、ある訴訟に対してどの裁判所が裁判権を持ち、それを行使しうるかという考え方です。ある訴訟をどの裁判所に提起すればよいか、という問題を解決する基準となる概念です。

> **本文では理由や趣旨も平易に説明！**

管轄は、種々の視点から分類することができます。重要なものに、職分管轄、事物管轄、土地管轄の3つがあります。

職分管轄

> **タイトルは本文のキーワードとリンク！**

職分管轄とは、裁判所が行う裁判作用の違いに応じて、手続をどの種の裁判所に担当させるかという観点から分類した管轄です。職分管轄のうち重要なものに審級管轄があります。同一事件を重ねて審理するための職務の分配を審級管轄といいます。判決手続および決定手続の第一審は地方裁判所、簡易裁判所または家庭裁判所であり、第二審は、地方裁判所、家庭裁判所の判決・決定については高等裁判所、簡易裁判所の判決に対しては地方裁判所です。上告審（抗告審）は、地方裁判所

の事件は最高裁判所、簡易裁判所の事件は高等裁判所です。

事物管轄

第一審の民事事件の分担を地方裁判所とするか簡易裁判所とするかが事物管轄の問題です。

事物管轄は、訴額を基準にして事件が振り分けられるものです。すなわち、裁判所法によれば、140万円を超える訴額の場合には地方裁判所が事件を分担し、140万円以下の訴額の場合には簡易裁判所が分担することになっています。では、原告が140万円の貸金の返還を求めるとともに、7万円の利息の請求をするときは、どのように考えるのでしょうか。利息については訴額には算入しません。したがって、140万円以下の訴額であるとして、簡易裁判所に訴えを提起することになります。

土地管轄

どこ（場所）の裁判所に訴えを提起するか、これが土地管轄の問題です。土地管轄は、あらかじめ事件と一定の

14

関係を有する地点を定めておいて、この地点を基準にして認められます。

全国の裁判所のうち、どこの裁判所に管轄権があるかを決定するには裁判籍が基準とされます。裁判籍とは、事件と裁判所の管轄区域との関係を決定する地点のことです。この裁判籍には、大別して2種類のものがあります。普通裁判籍と特別裁判籍です。

（1）普通裁判籍とは、ある人を被告とする一切の訴訟について、一般的・原則的に認められる裁判籍のことです。被告の普通裁判籍の所在地を管轄する裁判所に管轄権を認めたのは、被告の応訴（提起された訴えに対処する

こと）の利益を考慮したからです。

（2）特別裁判籍とは、特定の事件について特別に認められる裁判籍のことです。普通裁判籍の所在地の裁判所と並んで、事件の特殊性を考慮して、特に、その他の裁判所にも管轄権が認められているのです。

特別裁判籍はさらに独立裁判籍と関連裁判籍に分けられます。

独立裁判籍は、他の事件とは無関係に、その事件についてのみ独立に認められている裁判籍です。関連裁判籍は、ほかの事件との関連で認められる裁判籍です。

ポイント

管轄の分類
- ❶職分管轄：どの種類の手続（作用）をどの種の裁判所に担当させるかという観点から分類した管轄
- ❷事物管轄：第一審を担当する地方裁判所と簡易裁判所との間での、事件の分担という観点から分類した管轄
- ❸土地管轄：同一種類の第一審裁判所間の事件の分担という観点から分類した管轄

裁判籍

```
            ┌─→ 普通裁判籍
裁判籍 ──────┤                      ┌─→ 独立裁判籍
            └─→ 特別裁判籍 ─────────┤
                                   └─→ 関連裁判籍
```

図表で整理することで、難解な条文構造も把握しやすく！

ミニテスト

1　140万円の貸金の返還を求める訴えの提起は、簡易裁判所に対してすればよい。
2　140万円の貸金の返還と利息7万円の支払いを求める訴えは、地方裁判所に対して提起する。

解答　1　○　訴額140万円以下の訴えは簡易裁判所の管轄です。
　　　　　2　×　利息は訴額に算入しないので、訴額は140万円となり、簡易裁判所の管轄になります。

15

最後に1問1答型ミニテストで知識を確認！

● ● ● CONTENTS ● ● ●

第5編 訴訟の終了

※本書は、令和3年4月1日時点で施行されている法律を基
準としています。

面白いほど理解できる

民事訴訟法

001 民事訴訟とは何か

私人間についての権利関係を争う訴訟です

Q 民事訴訟はどういう訴訟なの？

A 私たちの売買契約や婚姻関係などをめぐるトラブルを裁判所によって解決してもらうための訴訟のことだよ。

民事訴訟とは何か

みなさんが民事訴訟に触れる機会は普段の生活では、なかなかあることではありません。テレビや映画でよく見られる法廷の場面は、ほとんどが刑事訴訟の一場面であり、民事訴訟については、具体的なイメージをつかみにくいと思います。

そこで、次の3つの例によって民事訴訟とはどんなものであるかを簡単に説明いたしましょう。

〔例①〕お金を貸したが返してもらえないのでお金を返してくれるよう裁判所に訴えた。
〔例②〕契約期間が過ぎたのに、借家人が立ち退いてくれないので、立ち退いてくれるよう、裁判所に訴えた。
〔例③〕詐欺にあったので、詐欺をしたA氏を裁判所に訴えた。

例①②は、相手方が約束を守ってくれないので、裁判所の力を借りて約束通り、お金を返してもらおう、立ち退いてもらおう、という話で、これから学習する民事訴訟の話になります。

民事訴訟と刑事訴訟の区別

しかし、例③だけは、簡単にはそう断定できないケースです。

というのも、このケースで「A氏を訴えた」といった場合、詐欺をしたA氏からお金を取り戻すために訴えることもありますし、詐欺をしたA氏を処罰してほしい（刑事罰を与えてほしい）、と訴えることもあるからです。

単にお金を取り戻したいというのであれば、例①と同様ですから民事訴訟の話です。しかし、詐欺をしたA氏を処罰してもらいたい（刑罰を与えたい）ということであれば刑事訴訟の話になるのです。

| 処罰してもらう | → | 刑事訴訟 |

| お金を取り戻す | → | 民事訴訟 |

自力救済の禁止と訴訟制度

民事訴訟は、私人と私人の間に権利義務をめぐってトラブル（紛争）が起

きて、当人同士では解決がつかない場合に、裁判所の手を借りて紛争を解決する制度です。

私人と私人との間にトラブルがあるからといって、実力（暴力）で解決することは許されません。自らの実力で紛争を解決することを自力救済といいますが、自力救済は現行法上禁止されています。それは、力の強い者の言い分だけがまかり通ることのないように、ルールをあらかじめ定めておいて、そのルールに基づいて解決するよう決められているからです。

この「ルール」が法律であり、その頂点に位置するものが憲法です。そして、憲法の精神を受けて、その下位に、実体法（民法や刑法など）や訴訟法（民事訴訟法や刑事訴訟法など）が定められているのです。

実体法と訴訟法の関係ですが、訴訟法は、実体法を実現するための手続です。さらに、訴訟法のうち、私人間の権利義務に関する紛争解決の手続に関して定めたのが民事訴訟法、犯罪を認定し刑罰を科する手続について定めたのが刑事訴訟法です。

ポイント

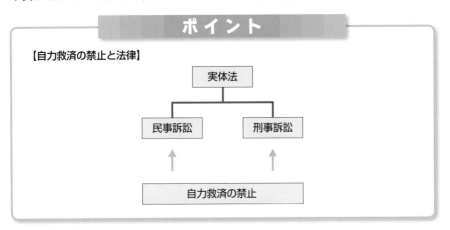

【自力救済の禁止と法律】

 ミニテスト

1　民事訴訟法は、私人と私人の間に存在する紛争を解決するための手続法である。

2　自力救済ができない場合に初めて、民事訴訟という制度を利用することが許される。

解答　1　○

2　×　自力救済それ自体が許されていません。

002 民事紛争を解決する制度

民事訴訟の他に民事紛争を解決するための手続について学習しましょう

Q トラブル（紛争）を解決するには訴訟をするしかないの？

A 民事訴訟以外の方法も認められていて、民事訴訟は最終手段だよ。

和　解

　私人間では、権利義務関係を発生させるのも、変更させたり消滅させたりするのも、自由にできます。そうすると、私人間の権利義務をめぐる紛争についても、当事者同士が自主的に交渉して解決することが望ましいといえます。紛争の当事者が互いに譲り合って紛争の解決を図ることを和解といいます。世間では示談といわれているものです。

　たとえば、交通事故の被害者が加害者に500万円の損害賠償請求を求めていたところ、加害者は過失がないと主張してこれを拒否した場合。このようなときに、話し合いによって加害者が300万円を支払うことで紛争に決着をつけることを和解といいます。

調　停

　調停とは、第三者が紛争当事者の間に立って、話し合いが円滑に行われるようにサポートしつつ、適当な解決案を提示し、当事者双方がそれを受諾することで紛争を解決する制度のことをいいます。この場合の第三者とは、簡易裁判所または地方裁判所の調停委員会を指します。

　先の例でいえば、交通事故の被害者が地方裁判所に損害賠償金500万円の支払いを求めて調停を申し立て、調停委員会のあっせんにより300万円の支払いで紛争に決着をつける場合がこれに該当します。

　調停には、民事調停と家事調停とがあります。民事調停は、民事調停法が定める調停であり、家事調停は家事審判法が定める調停です。調停においては、紛争当事者間に争いをやめる旨の合意が成立しない限り紛争の解決になりません。調停は私的自治を尊重しつつ、調停委員会がある程度後見的に介入する紛争解決方法です。

仲　裁

　仲裁とは、紛争の当事者双方が当初から紛争の解決を第三者（仲裁人）の判断に委ねることを合意して、第三者の判断（仲裁判断）を待つという紛争解決方法です。第三者を間に立てて紛争解決を図るという点では、調停と同じです。しかし、仲裁人は、紛争の当

事者双方の言い分を聞いたりして事実関係を調査し、その調査結果に基づいて仲裁判断を行います。

先の例では、交通事故の被害者と加害者が仲裁の合意をして第三者を仲裁人に選任し、仲裁人が仲裁判断として損害賠償金300万円を被害者に支払うことを命じるような場合です。

ADR

ADRは、Alternative Dispute Resolutionの略称であり、**裁判外紛争処理制度**とか**代替的紛争解決制度**など

と呼ばれるものです。

訴訟にはコストがかかり、非効率的な側面もありますので、ADRの積極的な活用が期待されています。

先の民事調停制度や仲裁制度もADRの一種といえます。その他に、第三者機関（行政機関または民間団体）による相談、苦情処理、あっせん、仲裁、裁定などの紛争処理制度もあります。第三者機関として有名なものに、**労働委員会、国民生活センター、消費生活センター**などがあります。

ポイント

【民事紛争を解決する制度】

和 解
当事者双方が互譲（譲り合う）

調 停
第三者が間に入る

仲 裁
第三者の判断に委ねる

ミニテスト

1　私人間の紛争を解決する制度としては、民事訴訟制度の他に、和解・調停・仲裁などがある。
2　調停も仲裁も、いずれも第三者が紛争当事者の間に入る紛争解決方法であるが、調停が紛争解決を第三者の判断に委ねることを合意して紛争解決が図られるのに対し、仲裁は紛争当事者が第三者による解決案を受諾することにより紛争解決が図られる。

解答　1 ○
　　　　　2 ×　調停と仲裁の説明が入れ替わっています。

003 民事訴訟裁判に関わる人

被告と刑事裁判の被告人とは違います

Q 民事訴訟では訴えられた人のことを何と呼ぶの？

A 「被告人」という言葉をよく聞くと思うけれど、民事訴訟では「被告」と呼ぶんだ。

原告と被告

民事訴訟において、訴える人のことを「原告」といい、訴えられた人のことを「被告」といいます（ちなみに刑事訴訟では「被告人」といいます）。

法廷では、正面に裁判官の座る席があります。裁判官席に向かって左側に原告席があります。この原告席には、原告本人または原告の代理人である弁護士が座ります。一方、裁判官席に向かって右側には被告席があり、ここには、被告本人または被告の代理人である弁護士が座ります。

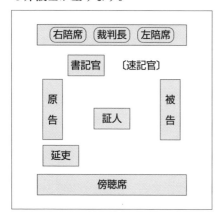

ここで、「本人または代理人」と言いましたが、民事訴訟では、必ずしも原告・被告ともにそれぞれが弁護士を付ける必要はありません。当事者本人で訴訟を行うことも認められています。これを本人訴訟といいます。

なお、当事者が代理人を付ける場合には、その代理人は弁護士でなければならないとされています。これを弁護代理の原則といいます。ただし、簡易裁判所においては、許可を得て、弁護士でない者も代理人にすることができます（013参照）。

裁判官

裁判官席は、事件によって、裁判官が3人座る場合（合議体）と裁判官が1人座るだけの場合（単独体）とがあります。

その他、公害訴訟や薬害訴訟等の複雑な大規模事件においては、5人で合議体を構成する場合もあります。

中央に座る裁判官を裁判長といい、裁判長の左手側に座る裁判官を左陪席、裁判長の右手側に座る裁判官を右

陪席といいます。

裁判長はベテランの裁判官、右陪席は中堅の裁判官、左陪席は比較的若い裁判官がなるのが通常です。

地方裁判所では、単独体によって審理されるのが原則です。

裁判所書記官と廷吏など

裁判所書記官は、審理を記録した

り、訴訟記録を保管する役割を担います。

廷吏は、法廷で、事件の番号を呼び上げたり、当事者の出席を確認したりするなど法廷内の庶務的な仕事をします。廷吏や速記官がいない法廷もあります（なお、速記官は廃止されることが決まっています）。

ポイント

	当事者本人	代理人
本人訴訟の場合	○	×
代理人を付ける場合	○	○※

※弁護士に限定（簡裁の例外あり）

ミニテスト

1　民事訴訟において、訴える人のことを原告といい、訴えられる人のことを被告という。
2　訴訟をするには、必ず代理人たる弁護士を付けなければならず、本人訴訟は認められていない。

解答　1　○
　　　2　×　弁護士強制主義（弁護士による代理を必ず必要とする制度）は採られていません。

004 民事訴訟制度の目的と指導理念

適正・公平・迅速・訴訟経済が指導理念とされています

> **Q** 民事訴訟制度によって何がもたらされるの？
> **A** 法に基づいた紛争の解決だよ。

民事訴訟制度の目的

民事訴訟制度の目的、言い換えれば、民事訴訟制度が必要とされる理由は何でしょうか。

それについてはさまざまな考え方がありますが、現在、基本的に支持されているのは、私人間に存在する紛争を法的に解決することである、という考え方です。

民事訴訟制度の指導理念

民事訴訟制度は、国民の税金を投入して国が設営する制度ですから、国防や警察や福祉などと並んで公共サービスとして捉えることができます。

では、民事訴訟制度をより質の高い公共サービスとするには、どのような指導理念（政策上の視座）に基づくべきでしょうか。

民事訴訟制度の指導理念としては、通常、適正・公平・迅速・訴訟経済の4つがあげられています。

適正とは、判決手続が正義に適ったものでなければならないということです。言い換えれば、裁判の内容に過誤があってはならないということです。

裁判の内容が適正であってこそ裁判所の判断に対する納得が得られるのです。たとえば、民事訴訟の、上訴や再審といった裁判に対する不服申立制度は、この適正という指導理念が具体化したものといえます。

公平とは、対立する当事者を同じように扱い、同じように民事訴訟手続への参加の機会を与えるということです。

民事訴訟法には、訴訟手続の中断という制度があります。これは、訴訟の係属中（訴訟の途中でということ。018参照）に当事者が死亡した場合等に法律上訴訟手続を進行できない状態にして、新たな訴訟追行者（訴訟をする人）が訴訟に関与できるまで手続を行わないという制度であり、公平という指導理念が具体化されたものといえます（041参照）。

さらに、迅速とは、私人間の紛争をできるだけ早く解決することです。裁判所が指導的に訴訟を進行させていくという建前（職権進行主義）は、迅速という指導理念の具体化であるといえます。

最後に、訴訟経済という指導理念は、民事訴訟の処理にコスト（お金や労力等）をできるだけかけないようにしようというものです。訴訟にかかるコストを低額なものにしようとする政策です。

訴訟経済という指導理念の具体化としては、責問権の喪失という制度があります。責問権とは、裁判所が当事者や裁判所自身が法規違背（法律に違反していること）行為を看過した場合に、当事者が異議を述べてその法規違背行為の無効を主張できる権利です。つまり、裁判所が法律違反の行為をしている場合にその行為を無効だと指摘する権利のことです。責問権の喪失は些細な法律違反行為ならば、特にその無効を問題としないで（訴訟をやり直さないで）、訴訟経済を優先させようとするものです。

以上のような4つの指導理念のうち、適正・公平と迅速・訴訟経済は、具体的な問題の処理において、しばしば衝突することがあり、その場合にどのように調和を図るかという困難な問題がおこります。ですが、いずれの指導理念も互いの関係では相対的なものと解されていますので、慎重に調和が図られることが求められます。

ポイント

【民事訴訟制度の指導理念】

指導理念	具体化
適正	上訴・再審
公平	訴訟手続の中断
迅速	職権進行主義
訴訟経済	責問権の喪失

ミニテスト

民事訴訟の指導理念として、適正・公平・迅速・訴訟経済という4つがあると考えた場合、以下の記述の正誤を判断しなさい。

1　再審制度は、公平という指導理念を具体化したものといえる。

2　職権進行主義は、迅速という指導理念を具体化したものといえる。

解答　1　× 再審制度は、適正という指導理念の具体化といえます。
　　　2　○

005 裁判所の意味と種類

裁判所の意味と種類を覚えよう

Q 裁判所の種類にはどのようなものがあるの？

A 最高裁判所をはじめ5種類の裁判所があります。

裁判所の意味

　裁判所という概念には、国の司法機関としての1つのまとまった組織体（官署）を意味する場合と裁判をする機関（裁判機関）を意味する場合があります。

　前者は、裁判官、裁判所書記官、裁判所調査官、執行官などを含めた、国の機構上の組織を指す概念です。これを国法上の意味の裁判所（または官署としての裁判所）といいます。

　後者は、国法上の意味の裁判所において裁判事務を直接に行う機関であり、訴訟法上の意味における裁判所といいます。

　訴訟法上の意味における裁判所、すなわち裁判機関としての裁判所には、裁判官が1名で裁判所を構成する場合と複数名で構成する場合があります。1名で構成する場合を単独制（1人制）もしくは単独体、複数名（通常は3名）の裁判官で構成する場合を合議制もしくは合議体の裁判所といいます。

　東京地方裁判所のような大きな裁判所では、このような裁判機関の単位がいくつもあり、民事1部、民事2部などと呼ばれています。

　国法上の意味の裁判所において、提起された事件を具体的にどの裁判所に分配するかは、毎年当該裁判所の裁判官会議によって定められます。そして、訴えの提起があると、民事○部担当というように事件が割り振られ裁判を行うようになっています。

　なお、事件が割り振られた裁判所を受訴裁判所といいます。

裁判所の種類

　裁判所には、最高裁判所・高等裁判所・地方裁判所・家庭裁判所・簡易裁判所という5種類の裁判所があります。

　最高裁判所以外の裁判所を一括して下級裁判所と呼びます。このうち、家庭裁判所は人事訴訟を扱います。人事訴訟とは、離婚の訴えや認知の訴えなどのように家庭関係の紛争に関する訴訟のことです。人事訴訟は、人の身分関係の形成や身分関係の確認をするものであり、民事訴訟の一種ですが、通常の財産関係の事件とは異なる配慮が

必要であるため（身分関係は公序にかかわるなど真実に基づく解決の必要性が大きい）、特別の訴訟手続がとられることになっているのです。

このように、家庭裁判所が人事訴訟を扱いますので、通常の民事訴訟を扱う裁判所は、家庭裁判所を除いた最高裁判所・高等裁判所・地方裁判所・簡

易裁判所ということになります。

民事訴訟を扱う上記の4種類の裁判所のうち、最高裁判所と高等裁判所は、裁判に対する不服申立てだけを扱う裁判所です。したがって、第一審として民事訴訟を扱う裁判所は、原則として地方裁判所と簡易裁判所ということになります。

ポイント

【裁判所の概念と種類】

裁判所の概念	
国法上の意味の裁判所	訴訟法上の意味の裁判所
組織体	裁判機関

裁判所の種類	最高裁判所	
	下級裁判所	高等裁判所
		地方裁判所
		家庭裁判所
		簡易裁判所

ミニテスト

1　裁判事務を直接行う裁判機関のことを官署としての裁判所という。
2　簡易裁判所と家庭裁判所は人事訴訟を扱う裁判所である。

解答　1　× 裁判事務を直接行う裁判機関は、訴訟法上の意味における裁判所といいます。

　　　　2　× 家庭裁判所は人事訴訟を扱いますが、簡易裁判所は人事訴訟を扱いません。

006 民事裁判権

裁判権について学びましょう

> **Q** 裁判権てなに？
> **A** 法的なトラブルを裁判によって解決する国家権力のことだよ。

民事裁判権

　裁判権とは、法的な争訟事件を裁判によって解決する国家権力をいいます。民事裁判権は、民事事件を処理するのに用いられる国家権力です。

　たとえば、原告が被告に対してある建物から"出ていけ"という権利を持っているかどうか、を審理する民事事件があるとします。そして、そのような権利を有することを裁判所が認め、それに従いなさいという判決を出したとします。その際、もし被告がこの判決に従わないのであれば、最終的には国家権力によって、被告が建物から出ていくことを強制的に実現させます（実際は、申立てによる民事執行という手続が必要となります）。このように民事事件を処理する過程において行使される国家権力のことを民事裁判権といいます。

　民事裁判権の対象となる事件には、
・主に財産権などの民事に関する事件につき訴訟手続が行われる通常事件
・行政庁の処分等を争う行政事件訴訟法による行政事件
・身分関係に関する事件につき争う人事訴訟法による人事訴訟事件や家事審判法による非訟事件
があります。

民事裁判権の人的範囲

　この民事裁判権は、原則として日本国の領土内にいるすべての「人」に及びます。日本国内にいれば、外国籍の人や国籍を有しない人に対しても及びます。しかし、天皇、外国元首や外交官に対しては及びません。

　では、「外国国家」に対してわが国の民事裁判権は及ぶでしょうか。国際慣例上、国家は外国の主権には服さないものとされていますが、今日このような主権免除の原則を無制限に適用することに対しては批判が強くなってきました。国家が国営企業などの形態によってさまざまな経済活動を行うようになってきたからです。そこで、平成23年に、「外国企業」を相手にした民事訴訟を日本国内の裁判所に提訴することができるように民事訴訟法は改正されました（民事訴訟法及び民事保全法の一部を改正する法律）。

　裁判権の及ばない者は、当事者とし

て裁判や執行を受けることはありません。

　原告が自分の言い分（請求といいます）に対する応答を裁判所からもらえるためには、訴えとして適法であることが必要ですが裁判権の存在を欠くときは、訴えが不適法として却下されます。その意味で、裁判権の存在は本案判決をするための要件であり、訴訟要件の１つということができます（021参照）。なお、裁判権の存在は裁判所が職権で調査しなければなりません。これを職権調査事項といいます。

管轄権

　裁判権の概念は、日本の裁判所がその事件を審判することができるかどうかの問題であるのに対して、管轄の概念は、日本の裁判所がその事件を審理することを前提とした上で、日本のどの裁判所がその事件を審判できるのかという事務配分の問題です。

　すなわち、民事裁判権を具体的にどの裁判所が行使するのかという問題が管轄権の問題です。原告の側からいえば、訴えを提起する際に、どの裁判所に訴状を提出したらよいのかということです。この場合に、管轄権をもつ裁判所を管轄裁判所といいます。

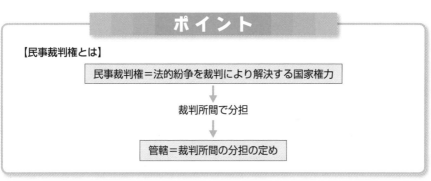

ポイント

【民事裁判権とは】

民事裁判権＝法的紛争を裁判により解決する国家権力

↓

裁判所間で分担

↓

管轄＝裁判所間の分担の定め

ミニテスト

1　民事裁判権は、原則として日本国内にいる外国籍の人に対しても及ぶ。
2　民事裁判権を欠く訴えは不適法として却下される。
3　民事裁判権がなくても管轄権が認められれば訴えは受理される。

解答　1　○

　　　　2　○

　　　　3　×　民事裁判権を具体的にどの裁判所が行使するのかという問題が管轄権の問題です。

007 管轄の分類

ある訴訟をどの裁判所に提起したらよいかを考える基準です

> **Q** 訴訟をどの裁判所に提起するか決まっているの？
>
> **A** 「管轄」という考え方によって決まっているよ。

管轄の分類

006でみたように管轄とは、ある訴訟に対してどの裁判所が裁判権を持ち、それを行使しうるかという考え方です。ある訴訟をどの裁判所に提起すればよいか、という問題を解決する基準となる概念です。

管轄は、種々の視点から分類することができます。重要なものに、職分管轄、事物管轄、土地管轄の3つがあります。

職分管轄

職分管轄とは、裁判所が行う裁判作用の違いに応じて、手続をどの種の裁判所に担当させるかという観点から分類した管轄です。職分管轄のうち重要なものに審級管轄があります。同一事件を重ねて審理するための職務の分配を審級管轄といいます。判決手続および決定手続の第一審は地方裁判所、簡易裁判所または家庭裁判所であり、第二審は、地方裁判所、家庭裁判所の判決・決定については高等裁判所、簡易裁判所の判決に対しては地方裁判所です。上告審（抗告審）は、地方裁判所

の事件は最高裁判所、簡易裁判所の事件は高等裁判所です。

事物管轄

第一審の民事事件の分担を地方裁判所とするか簡易裁判所とするかが事物管轄の問題です。

事物管轄は、訴額を基準にして事件が振り分けられるものです。すなわち、裁判所法によれば、140万円を超える訴額の場合には地方裁判所が事件を分担し、140万円以下の訴額の場合には簡易裁判所が分担することになっています。では、原告が140万円の貸金の返還を求めるとともに、7万円の利息の請求をするときは、どのように考えるのでしょうか。利息については訴額には算入しません。したがって、140万円以下の訴額であるとして、簡易裁判所に訴えを提起することになります。

土地管轄

どこ（場所）の裁判所に訴えを提起するか、これが土地管轄の問題です。土地管轄は、あらかじめ事件と一定の

関係を有する地点を定めておいて、この地点を基準にして認められます。

全国の裁判所のうち、どこの裁判所に管轄権があるかを決定するには裁判籍が基準とされます。裁判籍とは、事件と裁判所の管轄区域との関係を決定する地点のことです。この裁判籍には、大別して2種類のものがあります。普通裁判籍と特別裁判籍です。

（1）普通裁判籍とは、ある人を被告とする一切の訴訟について、一般的・原則的に認められる裁判籍のことです。被告の普通裁判籍の所在地を管轄する裁判所に管轄権を認めたのは、被告の応訴（提起された訴えに対処する

こと）の利益を考慮したからです。

（2）特別裁判籍とは、特定の事件について特別に認められる裁判籍のことです。普通裁判籍の所在地の裁判所と並んで、事件の特殊性を考慮して、特に、その他の裁判所にも管轄権が認められているのです。

特別裁判籍はさらに独立裁判籍と関連裁判籍に分けられます。

独立裁判籍は、他の事件とは無関係に、その事件についてのみ独立に認められている裁判籍です。関連裁判籍は、ほかの事件との関連で認められる裁判籍です。

ポイント

管轄の分類

❶職分管轄：どの種類の手続（作用）をどの種の裁判所に担当させるかという観点から分類した管轄

❷事物管轄：第一審を担当する地方裁判所と簡易裁判所との間での、事件の分担という観点から分類した管轄

❸土地管轄：同一種類の第一審裁判所間の事件の分担という観点から分類した管轄

裁判籍

```
                 ┌→ 普通裁判籍
裁判籍  ─────────┤                    ┌→ 独立裁判籍
                 └→ 特別裁判籍 ───────┤
                                      └→ 関連裁判籍
```

ミニテスト

1　140万円の貸金の返還を求める訴えの提起は、簡易裁判所に対してすればよい。

2　140万円の貸金の返還と利息7万円の支払いを求める訴えは、地方裁判所に対して提起する。

解答　1　○　訴額140万円以下の訴えは簡易裁判所の管轄です。

　　　　2　×　利息は訴額に算入しないので、訴額は140万円となり、簡易裁判所の管轄になります。

008 除斥・忌避・回避

裁判官が当事者の身内だったら裁判を担当しない方がよいということです

Q どうして除斥・忌避・回避という制度があるの？
A 裁判の中立・公正を確保するためだよ。

裁判の中立・公正

裁判の中立・公正が実現されるためには、司法権の独立が制度として保障される（憲法76条3項等）だけでは十分ではありません。具体的に提起された個々の事件との関係においても、裁判の中立・公正が十分に保障されることが必要です。

裁判官が訴訟当事者と一定の身分関係や利害関係をもつ場合には、実際にその裁判官が不公正な裁判を行わなくても、客観的・外観的に見て、公正ではないとの疑念を生む可能性があります。このような場合に、司法の中立・公正確保の観点から担当の裁判官をその事件から排除する制度が除斥・忌避・回避という制度です。

除斥

除斥とは、法律に定める事由（民訴第23条）に該当する裁判官等が、法律上当然にその職務を執行できなくなることをいいます。

裁判官等が当事者と一定の法的関係にある場合、すなわち、①裁判官またはその配偶者もしくは配偶者であった者が当事者であるとき、②裁判官が当事者と一定の血族、姻族もしくは同居の親族関係にあるとき、および③裁判官が当事者の後見人等であるとき、などが除斥事由となります。

裁判官が当該事件と何らかの関係を有している場合も除斥事由とされています。④裁判官が事件について証人（061 参照）または鑑定人（063 参照）となったとき、⑤裁判官が事件について当事者の代理人または補佐人（011 参照）であるとき、またはあったとき、⑥裁判官が事件について仲裁判断に関与し、または不服を申し立てられた前審の裁判に関与したときです。

除斥事由がある場合には、裁判所は申立てまたは職権で除斥の裁判をします。この裁判は確認的なものであって、これによってはじめて除斥の効力が生ずるものではありません。なぜなら、除斥事由に当たる裁判官は法律上当然に職務が執行できなくなるからです。除斥を認める裁判（決定）に対して不服申立てはできませんが、「その理由がない」との決定に対しては即時抗告をすることができます。除斥の申

立てに対する裁判が確定するまで、原則として、訴訟手続は停止されなければなりません。

忌　避

忌避とは、除斥事由以外の原因によって、職務執行の公正を疑わせるに足る事情が裁判官等にあるときに、当事者の申立てにより、裁判でもってその者を職務執行から排除することをいいます。

忌避事由は包括的に定められています。「裁判の公正を妨げるべき事情」（24条1項）とは、裁判官と事件との特殊な関係から見て、公平な裁判が期待できないとの疑いを当事者に抱かせる客観的な事情をいいます。

回　避

回避は、裁判官が自ら除斥または忌避事由が存在すると認めて当該事件の担当を辞することです。回避には、その裁判官を監督する裁判所（監督権を持つ裁判所）の許可を得る必要があります。

ポイント

除斥事由（個別的）

❶裁判官またはその配偶者もしくは配偶者であった者が当事者であるとき

❷裁判官が当事者と一定の血族、姻族もしくは同居の親族関係にあるとき

❸裁判官が当事者の後見人等であるとき

❹裁判官が事件について証人または鑑定人となったとき

❺裁判官が事件について当事者の代理人または補佐人であるとき、またはあったとき

❻裁判官が事件について仲裁判断に関与し、または不服を申し立てられた前審の裁判に関与したとき

忌避事由（包括的）

裁判の公正を妨げるべき事情

ミニテスト

1　裁判官が事件について鑑定人となったときは、除斥事由にあたらない。

2　忌避事由は、法律に個別的に列挙されている。

解答　1　×　23条1項4号。

2　×　24条1項。忌避事由は包括的に定められています。

009 当事者の確定

民事訴訟に関与する主体を決めます

> **Q** 当事者とはどのような人のことをいうの？
>
> **A** 当事者とは、訴えまたは訴えられることによって判決の名宛人となる者のことをいうんだよ。

当事者の意義

民事訴訟において重要な役割を果たす者（主体といいます）は、当事者と裁判所です。当事者とは、訴える人（原告）および訴えられる人（被告）の両者を指します。両者は、訴訟手続において「当事者」として扱われ、**判決の名宛人**（判決を下される人）となります。

当事者を確定する必要性

当事者は民事訴訟の主体ですから、裁判所は手続のすべての過程において、当事者に訴訟手続への関与の機会を与えなければなりません。そもそも当事者が誰であるかがわからないと、裁判籍（**007**参照）が決まりませんし、また、裁判所も訴状を送達しようがありません。さらに、判決は当事者を名宛人として下されますが、当事者が誰であるかが分からなければ判決の下しようがありません。

当事者の確定の判断基準

では、当事者をどのような基準で決めるのでしょうか。訴状には、原告の名前と被告の名前が書かれていますから、その名前の書かれている人が原告であり、被告であるといえます。しかし、たとえば、交通事故に遭った甲自身は訴訟を起こすつもりがないのに、甲の友人Aが勝手に甲名義を用いて、加害者の乙を被告として訴えを提起したようなケースを想像してみて下さい。法廷にはAが出てきて色々訴訟活動をやっているのです。訴状の原告は甲なのですが、法廷でさまざま訴訟活動を行っているのはAというこのケースの場合、原告は、甲でしょうか、Aでしょうか（ケース①）。このようなケースを**氏名冒用訴訟**といいます。

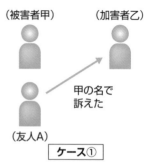

また、丙が丁に対して土地を売った

のですが、土地の代金を支払ってくれないので、丙が丁を被告として売買代金の支払いを求める訴えを提起しました。ところが、その時点において、丁は既に死亡していたので、丁の唯一の相続人であるB（丁の子）が法廷に出てきて応訴しました。この場合の被告は死者である丁なのでしょうか、あるいは相続人のBになるのでしょうか（ケース②）。このようなケースを**死者名義訴訟**といいます。

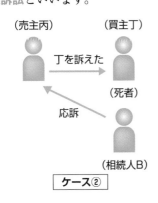

（売主丙）　　　（買主丁）

丁を訴えた

（死者）

応訴

（相続人B）

ケース②

当事者を確定する基準は一定でなければなりませんから、ケース①でもケース②でも、同じ基準が採られなければなりません。

では、どのような基準で当事者を確定するのでしょうか。通説は、客観的で明確であるとされる**表示説**に立っています。これは、訴状という書面を見て判断しようとする説です。注意すべきは、当事者として表示された者をそのまま形式的に当事者とするというのではなく、訴状の記載を全体的にみて当事者と判断される者を当事者とするということです。

この表示説によると、ケース①では、甲が当事者（原告）ということになります。また、ケース②では、やはり訴状に書かれている丁が当事者（被告）であるということになります。

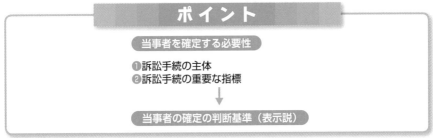

ポイント

当事者を確定する必要性

❶訴訟手続の主体
❷訴訟手続の重要な指標

↓

当事者の確定の判断基準（表示説）

ミニテスト

1　当事者とは、訴えまたは訴えられることによって判決の名宛人となるものをいう。
2　当事者は、訴訟手続の主体であり、訴訟手続を進めていく上で指標となる。

解答　1 ○　　2 ○

010 当事者能力

「当事者」となりうる条件についてです

> **Q** 民事訴訟の当事者となるには、どのような資格が必要なの？
>
> **A** 例外はあるけど、権利義務の主体となれる者であればいいんだよ。

当事者能力の概念

民事訴訟法においては、民事訴訟法に特別の定めがある場合を除いて、当事者能力は、民法の権利能力の規定に拠ると定められています（28条）。

民事訴訟は、私人間に存在する権利義務に関する争いを解決する手続ですから、紛争の当事者である私人は、その権利義務の帰属する主体でなければなりません。権利義務の帰属主体でない者に向けて判決をしてみても、何ら紛争解決につながらないからです。そこで、民事訴訟法では、原則当事者能力を、権利能力を有する者に認めるということにしたわけです。

自然人は権利能力を有し、法人は権利能力を付与するために法人格を与えられた存在ですから、権利能力を有しています。よって、すべての自然人、法人には当事者能力がある、ということになります。

胎　　児

それでは、胎児は当事者能力を有するでしょうか。胎児は、民法上、原則として権利能力は認められていません

が、相続や不法行為の損害賠償などの特定の場合において、権利能力が認められています（民法721条、783条、886条、965条）。したがって、胎児は、その限りにおいて、当事者能力が認められることになります。

権利能力なき社団・財団

上に述べたように法人には当事者能力があります。では権利能力のない社団（財産の集合体、○○基金など）、すなわち法人でない社団には当事者能力はないのかという疑問が生じます。

権利能力のない社団や財団といえども取引をはじめさまざまな社会活動を営んでいますから、その活動に関連して他人との間でトラブルが生じることがありえます。もし、権利能力のない社団や財団に当事者能力が認められないならば、裁判をして紛争を解決することが簡単にはできなくなってしまいます。

しかし、民事訴訟法では、「法人でない社団または財団」であっても「代表者または管理人の定めがあるもの」については、当事者能力を認めていま

す（第29条）。

これは、訴訟手続を簡素にしようという趣旨から定められた規定です。もし、この条文がなかったならば、法人でない社団または財団が訴訟をする場合には、その団体の構成員全員が原告になる必要が出てきます。

また反対に、このような団体に対して訴訟をする場合には、その団体の構成員全員を被告とする必要があります。それでは、訴訟が非常に複雑となり、訴訟手続も遅れがちとなるという不都合があります。そこで、民事訴訟法は、代表者や管理人の定めがあるくらいに社会的にまとまりのある団体には、当事者能力を認めて訴訟手続を簡素化する手立てをしたのです。

ポイント

【当事者能力】

主体	当事者能力の有無
自然人	有り
胎児	特定の場合に有り
法人	有り
法人でない社団または財団	代表者または管理人の定めがある場合に有り

ミニテスト

1　権利能力なき社団には、当事者能力が認められる。
2　未成年者には、当事者能力は認められない。
3　胎児には、当事者能力は一切認められない。

解答　1　× 権利能力なき社団の場合、当事者能力が認められるのは「代表者または管理人の定めがある」場合に限られます。

2　× すべての自然人には当事者能力が認められます。

3　× 例外的に、胎児に当事者能力が認められる場合があります（28条、民法721条、783条、886条、965条）。

011 訴訟能力

単独で有効な訴訟行為をなしうる能力です

> **Q** 当事者能力とは別に訴訟能力が必要なの？
> **A** 個々の訴訟行為には訴訟能力が必要なんだよ。

訴訟能力の意義

民事訴訟法によれば、訴訟能力は、原則として、民法その他の法令に従うべきことになります（28条）。この点については、当事者能力の場合と同じです。では、当事者能力の場合と何が違うのでしょうか。この条文は、民法上の「権利能力」と「行為能力」という概念の関係に対応させて、当事者能力については権利能力に従い、訴訟能力については行為能力に従うということを示しています。

民法上、権利能力はあるけれども行為能力が制限されている人達がいます。未成年者、成年被後見人、被保佐人、被補助人などです。なぜ民法が行為能力の制度を設けたかというと、これらの未成年者や成年被後見人等は意思能力や取引能力が十分ではないので、単独（1人）でなしうる法律行為に制限を設けて、未成年者や成年被後見人等を保護しようとしたからです。

こういった未成年者や成年被後見人等を保護する必要性は訴訟においても異なりません。そこで、訴訟能力について行為能力に対応させ、未成年者や成年被後見人等の保護を図ろうとしたのです。

ただ、訴訟は取引よりも複雑ですから、未成年者や成年被後見人を保護する態様は民法と同じというわけにはいきません。訴訟においては、より高い保護の必要性があるわけです。そこで、民事訴訟法は、未成年者・成年被後見人を訴訟無能力者とし、被保佐人・被補助人を制限的訴訟能力者としています。

すなわち、原則として未成年者・成年被後見人は、法定代理人によってのみ訴訟行為をすることができるものとし、単独では訴訟行為をすることはできないものとしています。たとえ、法定代理人の同意があっても単独でした訴訟行為は無効となります。

制限的訴訟能力者

これに対して、被保佐人はどうかというと、まず、被保佐人が訴訟行為をするには保佐人の同意が必要となります。この場合の同意は、個々の訴訟行為についての同意ではなく、訴訟行為（全般）についての同意です。

次に、相手方の提起した訴えまたは上訴について訴訟行為をする場合には、保佐人の同意を要しません。応訴に保佐人の同意が必要だとすると、相手方が被保佐人を訴えても保佐人の同意を得ないことでその訴えを実質的に無効とすることが可能となってしまい、被保佐人に対して訴えを提起する者の利益が害される危険性があるからです。

さらに、被保佐人が訴えの取下げ、控訴の取下げその他一定の重要な訴訟行為をするには、その行為ごとにその都度同意がなければなりません。そして、この保佐人の同意は常に書面をもってしなければなりません。

ポイント

【訴訟能力について】

訴訟無能力者
→未成年・成年被後見人

制限的訴訟無能力者
→被保佐人・被補助人

 ミニテスト

1 未成年者のした訴訟行為は取り消すことができる。
2 被保佐人は、保佐人の同意を得ることなく、相手方が提起した訴えに応訴することができる。
3 成年後見人は、成年被後見人がした訴訟行為を取り消すことができる。

解答 1 × 未成年者は訴訟無能力者であり、その訴訟行為は無効です。
2 ○ 32条1項。
3 × 成年被後見人の訴訟行為は無効であり、取り消し得る訴訟行為になるわけではありません。

012 当事者能力・訴訟能力が欠けた場合

どちらも訴訟には欠くことのできない要件です

Q 当事者能力が欠けた場合と訴訟能力が欠けた場合との違いは？

A 当事者能力が欠けた場合は訴え却下となるけど、訴訟能力が欠けた場合には直ちに訴え却下とはならないよ。

当事者能力が欠けた場合

当事者能力が欠けると、この者に対しては裁判権を行使することができなくなるので、当事者能力は訴訟要件の1つということになります。そして、訴訟要件（本案判決を出すための要件。012参照）を欠く訴えは却下されますので、当事者能力という訴訟要件が欠けた訴えは却下されます。

訴訟能力

当事者能力は**当事者となりうる一般的な資格**です。これに対して訴訟能力は、その訴訟の当事者が単独で有効な訴訟行為を行い得る能力です。

訴訟能力は訴訟行為を有効に行うための要件ですから、訴訟能力を欠く者の訴訟行為は無効ということになります。民法上、行為能力が欠ける者（制限行為能力者）の行った法律行為は「取消」ができるとされているのとは異なり、訴訟能力の欠ける者の訴訟行為は「無効」とされます。そもそも訴訟は手続であり、原告や被告、裁判所の訴訟行為が積み重ねられて進んでいくものです。もし手続が進行した後に、訴訟行為の取消を認めてしまうと、その取り消された訴訟行為の上に積み重ねられた他の訴訟行為も覆されることになり、訴訟手続の安定性が損なわれるからです。

しかしながら、訴訟能力を欠いた状態でなされた訴訟行為が当事者にとって必ずしも不利益であるとは限りません。また、訴訟能力を欠くからといって直ちに排斥していたのでは訴訟経済にも反します。そこで、民事訴訟法は、訴訟能力が欠けた者の訴訟行為を直ちに排斥するのではなく、裁判所は期間を定めて補正を命じなければならないものとしています。**補正**というのは、過去の行為を追認（過去の訴訟能力を欠いた状態でなされた訴訟行為を完全に有効な訴訟行為となるように認

める意思表示）するとともに、将来に向かって完全に有効な訴訟行為ができる方法を講じることです。たとえば、裁判所が法定代理人（013参照）をつけて裁判をしなさい、と命令する場合などがあります。

補正を命じた場合、補正されるまで訴訟手続を進行させないのが原則ですが、その間訴訟行為をしないと遅滞のため損害を生ずるおそれがあるときは、裁判所は、一時訴訟行為をさせることができます。そして、その訴訟行為が確定的に訴訟手続から排除されてしまう前に、訴訟能力を取得した本人や法定代理人等が追認すれば、行為の時に遡って有効になります。

追認は、過去の訴訟行為を一体として不可分に行うべきであるとされています。なぜなら個々の訴訟行為を選択して追認することを認めてしまっては、訴訟行為が前後関連して行われるものであることにそぐわないし、訴訟手続を複雑なものにしてしまうからです。

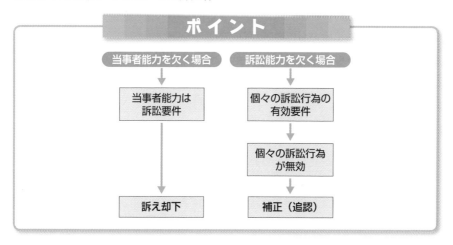

ポイント

当事者能力を欠く場合	訴訟能力を欠く場合
当事者能力は訴訟要件	個々の訴訟行為の有効要件
	個々の訴訟行為が無効
訴え却下	補正（追認）

ミニテスト

1 当事者能力を欠く者が提起した訴えは却下される。
2 訴訟能力のない者がした訴訟行為は無効であるが、追認によって有効とすることができる。追認すると、追認時からその訴訟行為は有効となる。
3 訴訟能力のない者がした訴訟行為について、裁判長は、期間を定めて補正を命じなければならない。

解答 1 ○
　　　2 × 追認によって、訴訟行為の時にさかのぼって効力を生じます。
　　　3 × 補正を命じるのは、裁判長ではなく、裁判所です。

013 訴訟上の代理人

訴訟にも代理人を使うことができます

> **Q** 訴訟上の代理人ってどういう人なの？
>
> **A** 当事者の名において、当事者に代わって訴訟行為をしたり、相手方の訴訟行為を受け取ったりする人です。

訴訟上の代理人の必要性

訴訟手続において、訴訟能力があっても、自らは訴訟活動を行わず代理人に訴訟活動を任せた方が時間や労力の点で都合がよい人がいます。また、訴訟活動には高度な法律の専門知識が必要となる場合も多々あるので、本人の法律知識の不足を法律の専門家によって補ってもらうことが必要な人もいます。さらに、訴訟能力がない人の場合には、その訴訟能力の不十分さをカバーするために代理人が是非とも必要です。

このように、訴訟上の代理人の制度は、民法における代理人の制度と同様に、本人の利益を保護するために必要であるといえます。

訴訟上の代理人とは

訴訟上の代理人とは、当事者の名において、当事者に代わって訴訟行為をなし、またはこれを受ける者をいいます。

代理人は当事者ではありません。当事者はあくまでも本人です。当事者である本人に代わって、当事者の名において、訴訟活動をする人が訴訟上の代理人です。代理人はあくまで代理人ですから、判決の名宛人にはならず、判決の効力も代理人には及びません。

訴訟上の代理人の種類

訴訟上の代理人には、法定代理人と任意代理人の2種類があります。

両者の違いは、当事者本人の意思に基づいて（本人から頼まれて）代理人になったか否かという点にあります。本人の意思に基づかずに、法律の規定や裁判によって、代理権を与えられた者を法定代理人といいます。これに対して、本人の意思に基づいて代理権を与えられた者を任意代理人といいます。

法定代理人には、実体法上の法定代理人と訴訟法上の法定代理人とがあります。前者は、親権者や成年後見人な

どの実体法上法定代理人の地位にある者が、訴訟法上も法定代理人の地位につく場合です。後者は、特定の訴訟や訴訟手続のために裁判所が選任する特別代理人のことです。

任意代理人には、訴訟委任に基づく訴訟代理人と、法令上の訴訟代理人とがあります。前者は、本人から訴訟を委任されることによって代理人の地位につく場合であり、狭義の訴訟代理人ともいわれています。地方裁判所以上においては、訴訟代理人は弁護士でなければならないとされています。つまり、民事訴訟をする場合、地方裁判所以上の裁判所においては、基本的に弁護士しか代理人になってはならないとされているわけです。このことを弁護士代理の原則といいます。

ポイント

【訴訟上の代理人】

法定代理人

| 実体法上の法定代理人 | →親権者・成年後見人 |
| 訴訟法上の法定代理人 | →特別代理人 |

任意代理人

| 訴訟委任に基づく訴訟代理人 | →地方裁判所以上の裁判所では弁護士 |
| 法令上の訴訟代理人 | →会社の支配人等 |

ミニテスト

1 訴訟上の代理人には、本人の意思に基づくか否かによって任意代理人と法定代理人との2種類がある。

2 実体法上、法定代理人の地位にある者は、訴訟法上も法定代理人となる。

解答 1 ○ 任意代理人と法定代理人は代理権発生の根拠が本人の意思に基づくか否かで区別されます。

2 ○ 28条。

014 民事訴訟手続の流れ

第1審の手続の流れを見てみましょう

Q 民事訴訟の手続はどんな流れになっているの？

A 大まかに、訴えの提起→審理→判決という流れになります。

訴訟の開始

訴訟は、原告が訴えを提起することによって開始されます。**訴えの提起**がなければ訴訟は始まりません。

①訴えの提起は、**訴状**を裁判所に提出して行います。

②訴状が提出されると、裁判長は、その訴状について審査します。

③訴状が不適式であれば訴状の補正を命じ、補正に応じなければ訴状を却下します。

④訴状の審査を経た後、訴状の写し（副本）が被告に送られます。これを**訴状の送達**といいます。送達は、訴訟に関する書類の内容を知らせるために送り届ける裁判機関の行為です。

⑤裁判所は、訴状の送達をする際に、第1回の口頭弁論期日をも定めたうえで、その期日に出頭するように被告に呼出状を送達します。ここでいう口頭弁論とは、裁判が進められていく手続のことです。

なお、現在、オンラインによる訴え提起等を認めること（さらに、一定の場合にはオンラインによる訴え提起等を義務づけること）や訴訟記録の電子化が検討されています。

訴訟の審理

訴状が被告に送達されると、訴訟は裁判所で審理されうる状態になります。これを**訴訟係属**（**018**参照）といいます。

訴訟の審理とは、判決のための判断資料の作成などの当事者と裁判所の訴訟活動のことです。判決を出すためには判断資料が必要ですが、その判断資料を裁判上で形成するために、当事者は言い分を主張し、証拠を提出します。また、裁判所は当事者の主張を整理したり証拠を採用したりします。

訴訟の審理の場面では、当事者と裁判所が役割分担をしながら、訴訟が進んでいきます。

訴訟の終了

訴訟において審理を尽くし、判決をするに十分な判断資料が揃ったら、判決が下されます。この判決を**終局判決**といいます。

しかし、訴訟が終了する場合は必ずしも判決が出される場合のみに限りま

せん。紛争の当事者の意思によって終わる場合もあります。原告が訴えを取り下げた場合には訴訟が終了します。このほかにも、原告が訴訟を維持することを止める意思表示をして訴訟を終了させる請求の放棄や、被告が原告の請求を認める請求の認諾の場合にも訴訟は終了します。

それから原告と被告が訴訟中に審理の対象となっている権利や法律関係について歩み寄って訴訟を終了させる場合もあります。これを訴訟上の和解といいます。

ポイント

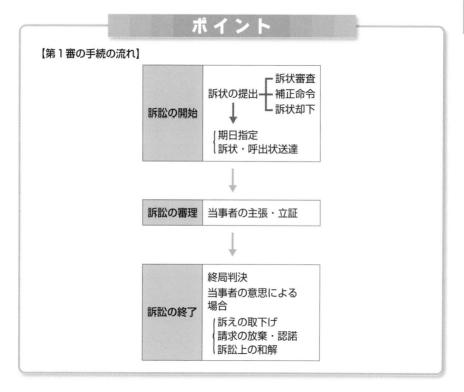

【第1審の手続の流れ】

訴訟の開始 ── 訴状の提出 ┬ 訴状審査
　　　　　　　　　　　　 ├ 補正命令
　　　　　　　　　　　　 └ 訴状却下
　　　　　　　　↓
　　　　　　期日指定
　　　　　　訴状・呼出状送達

訴訟の審理　当事者の主張・立証

訴訟の終了　終局判決
　　　　　　当事者の意思による場合
　　　　　　｜訴えの取下げ
　　　　　　｜請求の放棄・認諾
　　　　　　｜訴訟上の和解

ミニテスト

1　訴えの提起は、原告が被告に対して訴状を送付することによって開始される。
2　訴訟は判決によってのみ終了する。

解答　1　×　訴えの提起は、裁判所に訴状を提出することによって開始されます。
　　　　　2　×　訴訟の終了事由には、訴えの取下げ等、判決以外のものもあります。

015 訴えの概念と種類

3種類の訴えがあります

> **Q** 訴えとはどういう概念なの？
> **A** 裁判所に対して、審理と判決を求める原告の申立てのことだよ。

訴えの概念

訴えは、訴訟手続を開始させる訴訟行為であると同時に、裁判所に対する申立てです。

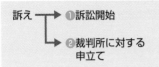

訴え　┬ ❶訴訟開始
　　　└ ❷裁判所に対する
　　　　　申立て

では、裁判所に何を申し立てるのでしょうか。

通常、紛争の渦中にある者は、民事訴訟制度を利用するか否かをも含めてさまざま考慮し、訴えを提起することになるのが普通です。民事訴訟においては、当事者からの訴えによって訴訟手続が開始されます。このような建前が採られている以上、当事者（原告）が、①誰との間において、②どのような権利・義務について争いがあるのかを示し、③それについてどのような判決をしてもらいたいのかを明らかにしなければ、裁判所としても応答のしようがありません。

上記の①と②によって審理してもらいたい対象が示され、③によって原告がしてもらいたい判決が示されます。

このような裁判所に対する審理と判決を求める原告の申立てが「訴え」です。この訴えの内容は、被告との間の法的関係につき裁判所の判決を求めるものですから、訴えという行為は同時に被告に対する権利主張を伴います。

このように、訴えという概念には、原告の被告に対する権利主張という側面と、裁判所に対する審理と判決の要求という側面があるのです。

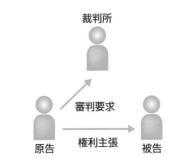

訴えの種類

訴えには、訴訟上の請求の内容という観点から見て、給付の訴え、確認の訴え、形成の訴えの3種類があります。

給付の訴えというのは、原告の被告に対する給付請求権の主張と、これに対応した給付判決を裁判所に対して要

求する訴えです。

　たとえば、甲が乙に対して300万円の売買代金の支払いを求めるというような訴えです。給付というのは、お金または物を引き渡すことであり、請求とは、給付をせよということです。ですから、給付請求は、「金を支払え」「物を引き渡せ」ということを意味します。

　確認の訴えとは、特定の権利または法律関係の存在または不存在を主張し、これを確定する確認判決を求める訴えです。

　この確認の訴えには、積極的確認の訴えと消極的確認の訴えとがあります。前者は、たとえば、所有権の確認を求めるというように、「その存在」を主張する場合であり、後者は、たとえば、債務の不存在の確認を求めるというような「その不存在」を主張する場合です。

　確認の訴えの対象は、原則として、特定の具体的な権利または法律関係で

すが、民事訴訟法は、例外的に、法律関係を証する書面の成立の真否という「事実」の存否を確認の対象とする訴えを認めています。

　形成の訴えとは、一定の法律要件の存在に基づく、特定の権利または法律関係の変動の主張と、これを宣言する判決を求める訴えです。これは、訴えをもって権利または法律関係を変動させることができる旨が法律に規定されている場合にのみ認められます。私法上の権利の変動は、本来、法律要件を充足する事実があれば当然に生じます。しかし、一定の法律関係に限っては、形成判決が確定することによってはじめて私法上の権利の変動の効果が生じるとされています。その一定の法律関係とは、婚姻の取消や離婚などの人事訴訟や会社関係訴訟など、多数の人が関係してくるがゆえに、一律に明確に法律関係を形成させることが必要な場合です。

ポイント

【訴えの種類】

訴えの種類
- 給付の訴え
- 確認の訴え
- 形成の訴え

1　訴えとは、被告に対して判決を求める申立てである。
2　事実について、確認の訴えの対象とすることは認められない。

【解答】　1　× 判決を求めるのは裁判所に対してです。
　　　　　2　× 確認の訴えは、法律関係を証する書面の成立の真否を確定するためにも提起することができます（134条）。

016 訴状の必要的記載事項

訴状に書かなければならない内容は、法律で定められています

Q 訴状には、最低限、何を記載しなければならないの？
A 当事者および法定代理人、請求の趣旨および原因だよ。

訴状の必要的記載事項

民事訴訟法では、訴状に必ず当事者、法定代理人、請求の趣旨および請求原因を記載しなければならないとしています（133条2項）。これらの記載を欠く場合は、不適式な訴状となるので、必ず記載しなければならないという意味において、これらは必要的記載事項といわれています。

それでは、なぜ、これらの記載事項が必要的記載事項とされているのでしょうか。それは、必要的記載事項の記載によって、訴えの内容が明らかにされるからです。つまり、原告が誰なのか、被告は誰なのか、そして原告の被告に対するどのような主張について、裁判所に対しどのような審理と判決を求めているかが特定されることになるからです。

当事者の記載

当事者の記載は、原告が誰なのか、被告は誰なのかを明らかにするものです。訴状に記載されている当事者の表示は、その訴訟の当事者が誰であるかを確定するうえで、重要な基準となります。

法定代理人等の記載

未成年者や成年被後見人は、絶対的訴訟無能力者であり、法定代理人によってのみ訴訟追行をすることができます（011参照）。そこで、当事者が未成年者または成年被後見人である場合には、当事者の記載とともに、法定代理人も記載しなければなりません。同じようなことは、当事者が会社その他の法人である場合にもいえます。その場合、会社その他の法人名とともにその代表者を記載しなければなりません。さらに、当事者が法人でない社団・財団である場合も、その代表者または管理人を記載する必要があります。

請求の趣旨

請求の趣旨は、原告が訴えによって裁判所に対して申し立てる審判要求を明確にする記載です。これは、審判の対象を特定するための記載であり、その請求を認容する判決主文の文言に対応した表現をとります。

給付の訴えであれば「被告は原告に対し金300万円を支払えとの判決を求める」、あるいは「被告は原告に対し、別紙目録記載の建物を明け渡せとの判決を求める」などというような記載をし、いかなる給付を命じる判決を求めるかを記載します。

確認の訴えであれば、「別紙目録記載の土地は原告の所有に属することを確認するとの判決を求める」というように、いかなる権利関係を確認する判決を求めるかを記載します。

形成の訴えであれば、「原告と被告とを離婚するとの判決を求める」とい

うように、いかなる法律関係を形成する判決を求めるかを記載することになります。

請求の原因

請求の原因とは、請求の趣旨を補充して、請求を特定するに必要な事実をいいます。請求の原因としてどのような事実を記載する必要があるかは、裁判所において審理し判断してもらう対象（017参照）をどのように把握するかによって異なります。

ポイント

【訴状の必要的記載事項】

当事者および法定代理人
　→原告・被告は誰か

請求の趣旨および原因
　→どのような審判を求めるか

ミニテスト

1　訴状の必要的記載事項は、当事者および法定代理人、請求の趣旨および原因である。
2　当事者が未成年者である場合には、当事者の記載の代わりに法定代理人の記載をすれば足りる。

解答　1　○
　　　2　×　当事者の記載も必要です（133条2項1号）。

017 訴訟物

訴訟物の捉え方には大別して２つの考え方があります

Q 訴訟物って何なの？

A 訴訟における審判の対象だよ。

訴訟物とは何か

訴訟物とは、訴訟の目的物を略した言葉であり、「訴訟の目的とされる物」という意味です。訴訟物と同じ意味で用いられる用語として、**訴訟上の請求**、**審判の対象**という言葉があります。審判とは、審理をして判決をすることです。審判の対象ということですから、原告の主張の内容である**権利または法律関係**といってもよいでしょう。

裁判所

⬇審判の対象

原告　　　権利主張　　　被告

（権利または法律関係）

訴訟物は、審判の対象ですから、裁判所にとっては、どのような審理をなすべきか、どういう判決をすべきかを明確にするという意味で重要です。また、被告にとっては防御の対象を把握するために重要です。そこで、当然のことながら、訴訟物は特定されなければなりません。

この訴訟物の特定の仕方には、大別して、旧訴訟物理論と新訴訟物理論という２つの考え方があり、実務や判例は、旧訴訟物理論に立っています。「旧」と付いてはいますが、古いという意味ではなく、「従来からの」「伝統的」という意味です。

旧訴訟物理論

旧訴訟物理論では、**個々の実体法上の権利**ごとに訴訟物が成立するとします。

たとえば、個人タクシーの乗客が運転手の過失で負傷したので、運転手に対して損害賠償請求をする場合を考えてみます。

この場合、乗客は、運転手との間で、目的地まで安全に運んでもらうという契約を結んだのに、その契約が守られずに損害を被ったのですから、債務不履行に基づく賠償損害請求権が発生します。また、その一方で、運転手の過失によって負傷しているので、不法行為に基づく損害賠償請求権も発生します。つまり、実体法上、損害賠償

請求権は、債務不履行（民法415条）だけでなく、不法行為（民法709条）に基づいても発生します。

このように、損害賠償請求権を発生させる根拠条文が2つあるので、2個の訴訟物が成り立つと考えられるわけです。

そこで、乗客は、損害賠償請求をするために、運転手に対してどのような実体法上の権利を主張するのかを示すことが必要になります。そして、乗客（原告）が示した実体法上の権利の主張が、訴訟物として、裁判所で審判されることとなります。

新訴訟物理論

これに対して、新訴訟物理論は、社会的にみて1個の紛争が存在するといえる場合には、実体法秩序の権利ごとに分断するのではなく、それら複数の実体法上の権利を1つに束ねて、1個の訴訟物に構成していこうというものです。

要するに、訴訟物として構成すべきものは、実体法上の個別的な権利の主張ではなくて、これらの権利を主張することによって原告が達成しようとしている給付を求める法的地位の主張であるとするのです。これを受給権、もしくは「一定の給付を求めうる法律上の地位」といいます。

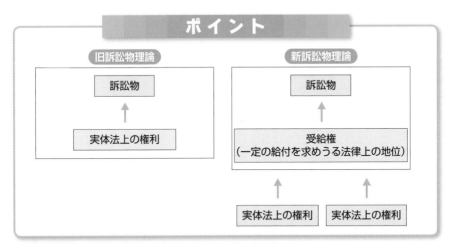

ポイント

旧訴訟物理論

訴訟物 ← 実体法上の権利

新訴訟物理論

訴訟物 ← 受給権（一定の給付を求めうる法律上の地位） ← 実体法上の権利　実体法上の権利

ミニテスト

1　訴訟物とは審判の対象である。
2　旧訴訟物理論による場合、実体法上の権利が異なる場合には、訴訟物は異なる。

解答　1　○　　2　○

018 訴え提起の効果

訴えを起こすことによる効果とその後の訴訟係属に伴う効果は区別する必要があります

> **Q** 訴えを提起すると、どのような効果があるの？
>
> **A** 時効は中断されるよ。

訴訟係属

訴訟係属とは、ある事件について裁判所が正式に審理し判決をする対象として取り上げたという状態のことです。

訴訟係属の前の段階では、たんに原告が裁判所に訴状を提出し、裁判所が訴状を受理したという関係があるにすぎません。

```
訴訟係属の前の段階
        ↓
訴訟係属 （裁判所で審判されうる状態）
```

では訴訟係属が生じるのはいつでしょうか。これは、訴状が被告に到達した時であるとされています。なぜなら裁判所で審判される事件は、原告と被告との間の請求事件であり、原告と被告が揃って訴訟が始まる、といえるからです。

訴訟法上の効果

訴訟係属に伴って生じる訴訟法上の効果として、最も重要なものに、二重起訴の禁止があります。二重起訴の禁

止とは、既に裁判所に係属している事件については、当事者は新たに起訴（訴えを提起）することはできないというものです（019参照）。

ここは初学者の方が間違いやすい点なのですが、「訴えが提起されると二重起訴が禁止される」、あるいは「二重起訴の禁止は訴え提起の効果である」という言い方は正しい表現ではありません。訴えが提起されても、訴訟係属が生じない限り、二重起訴が禁止されるという訴訟法上の効果は生じないからです。

実体法上の効果

以上のような訴訟係属に伴う民事訴訟法上の効果とは別に、民法その他の法律が、訴えの提起に特殊な効果を認めている場合があります。たとえば、悪意擬制（民法189条2項）という実体法上の効果です。

訴えの提起に認められる最も重要な効果は、時効の完成猶予が生じるというものです。時効の完成猶予は、訴えを提起した時に生じます。訴えを提起した時とは、訴状を提出した時という

ことですから訴状を裁判所に提出した　　す。
時に時効の完成猶予の効果が生じま

ポイント

【訴え提起の効果】

訴訟法上
訴訟係属の効果として二重起訴が禁止される

実体法上
時効の完成猶予

1　訴状を裁判所に提出すると、その時点で二重起訴が禁止される。
2　裁判上の請求による時効の完成猶予は、確定判決等により権利が確定した時に生じる。

　1　× 訴訟係属が生じて初めて二重起訴が禁止されます。
　　　2　× 時効の完成猶予は、訴えを提起した時に生じます。

019 二重起訴の禁止〜その１

裁判所に係属している事件について、さらに訴えることはできません

> **Q** 二重起訴は、なぜ禁止されているの？
>
> **A** 訴訟経済に反し、矛盾した判断をする可能性があるし、被告の応訴が大変だからだよ。

二重起訴禁止の趣旨

民事訴訟では「裁判所に係属する事件」について、当事者は、さらに訴えを提起することができないと定めています（142条）。訴えを提起し、訴訟係属が発生すると、既に裁判所に受理されている事件については、さらに裁判所に訴えを提起することはできません（二重起訴の禁止）。

では、なぜ、民事訴訟法は二重起訴を禁止しているのでしょうか。これは、「裁判所に係属する事件」について、二重起訴することを許すと、どうなるかを考えてみれば分かりやすいでしょう。

二重起訴が許されるとすると、原告は勝訴の見込みがないということが濃厚になってきたら、別の管轄裁判所に訴えを提起して再チャレンジするかもしれません。被告は訴えられたら、それに応訴しないと敗訴の目にあいますから、訴えられたら再度応訴せざるをえません。しかしそれでは、訴訟手続が重複することになり、時間や労力の無駄が多くなります。被告も応訴の負担が非常に煩わしくなります。さらに、別々の裁判所で審判がなされた結果、矛盾した判決が出てしまったら、紛争の解決にはなりません。

以上のように、もし二重起訴を認めてしまうと、**訴訟経済に反すること**、被告が**応訴する煩わしさが生じること**、**矛盾判決が生じる可能性**という３つの弊害が懸念され、これらの弊害を防止するために、民事訴訟法は二重起訴を禁止しているのです。

二重起訴の扱い

二重起訴	=	職権調査事項

同一の事件について既に訴訟が係属していることは訴訟障害事由となります。訴訟障害事由とは、本案判決ができなくなる事由です。

そこで、二重起訴にあたるかどうかにつき裁判所は職権で調査しなければなりません（職権調査事項）。**職権調査事項**とは、当事者からの申立てがなくても、裁判所が自ら進んで調査しなければならない事項のことです。

そして、裁判所は、同一事件が既に裁判所に係属しているか否かを職権で調査し、二重起訴にあたると認めれば、後訴（時間的に後に提起された訴え）を不適法として却下します。

ただ、訴訟要件を具備しているかどうかの判断基準時は口頭弁論終結時ですので、後訴の口頭弁論終結時までに、前訴が取り下げられたり、不適法として却下されたりして二重起訴の状態が解消されていれば、後訴は二重起訴にはあたりません。

なお二重起訴にあたる場合であっても、併合して審理すれば二重起訴禁止の趣旨に反しないとみられる場合には、後訴を却下しないで、前訴と併合審理すべきであるとされています。

ポイント

【二重起訴の禁止の趣旨】
❶審理の重複という訴訟不経済の回避
❷矛盾判断のおそれの回避
❸被告の応訴の煩の回避

ミニテスト

1　次の空欄を埋めなさい。
　民事訴訟法142条は、　ア　について、当事者は更に訴えを提起することができないとしている。これは、　イ　を回避し、被告の応訴の煩わしさおよび矛盾判決が生じる可能性を防止する趣旨である。
2　裁判所は、既に裁判所に係属している事件につき訴えが提起された場合、口頭弁論終結時までに、前訴が不適法として却下されていても、訴えを却下しなければならない。

解答　1　空欄には、　ア　裁判所に係属する事件　　イ　訴訟不経済　が入ります。
　　　　2　×　訴訟要件具備の判断基準時は口頭弁論終結時であるため、口頭弁論終結時までに二重起訴の状態が解消されていれば、後訴は二重起訴にはあたらず、訴えを却下する必要はありません。

020 二重起訴の禁止〜その2

どのような訴えの提起が二重起訴となるかを見ていきます

Q 二重起訴になるか否かの判断はどのようにするの？

A 当事者と審判対象の点において同一の事件かどうかによって判断するんだよ。

二重起訴になるか否かの判断

二重起訴になるか否かは、「事件の同一性」の有無にかかっています。事件が同一であるとは、前訴と後訴が、当事者と審判対象の点で同一性を有している状態をいいます。ただし、二重起訴禁止の趣旨（019参照）から、当事者と審判対象の同一性については、実質的に検討する必要があります。

当事者の同一性

当事者が異なれば同一の権利関係が訴訟物となっていても事件が同一とはいえませんから、二重起訴には該当しません。したがって、まず当事者の同一性を検討します。

これについては、前訴と後訴とで原告、被告とも全く同じ者というケースはもちろん、前訴と後訴とで単に原告と被告が入れ替わっただけであっても、当事者は同一と判断されます。

これについては次のようなケースを考えてみましょう。Xが、ある土地の所有権が自己に帰属していると主張してYを被告として所有権確認の訴えを提起したとします。このときに、YがXを被告として、同一の土地について所有権確認の訴えを提起する場合です。この場合、当事者の同一性に着目してみると、単に原告と被告が入れ替わっているだけなので、当事者は同一と判断されます。

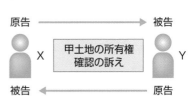

この場合、判決の効力を受ける関係で当事者と同視される者についても、同一の当事者として扱われます。選定当事者（026参照）が受けた判決の効力は選定者に及びますから、選定者と選定当事者は同一の当事者として扱われます。

このように、当事者が同一であるかどうかは、実質的に判断することになります。

審判対象の同一性

事件が同一であるといえるために

は、当事者のみならず審判対象が同一であることも必要です。

前訴と後訴で訴訟物が同一である場合のほか、訴訟物は異なっていても、実質的に審判対象が同じ場合であれば、審判対象が同一であるといえます。

前述のケースでは、実質的な判断の中身は同じですから、審判対象が同一であるといえます。

同じことは、たとえば「XがYに対して債務不存在確認の訴えを提起し、これに対応してYが同一債権の給付の訴えを提起した場合」についてもいえます。

ポイント

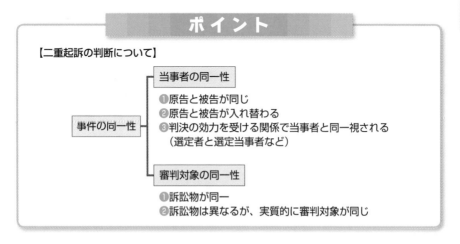

【二重起訴の判断について】

事件の同一性

当事者の同一性
❶原告と被告が同じ
❷原告と被告が入れ替わる
❸判決の効力を受ける関係で当事者と同一視される
（選定者と選定当事者など）

審判対象の同一性
❶訴訟物が同一
❷訴訟物は異なるが、実質的に審判対象が同じ

ミニテスト

1　AがBに対して提起した貸金返還債務不存在確認の訴えの係属中に、BがAに対し、同一の貸金債権について貸金返還請求の別訴を提起することは、二重起訴にあたる。

2　AがBに対して提起した不動産の所有権確認訴訟の係属中に、AがCに対し、同一の不動産に関して所有権確認訴訟を提起することは二重起訴禁止の趣旨に反し許されない。

解答　1　○
　　　2　×　当事者が異なっているので、同一の事件にはあたらず二重起訴禁止の趣旨に反しません。

021 訴訟要件の意義・種類

訴訟要件の意義・種類を考えよう

Q 訴訟要件とは何なの？
A 本案判決をするための要件のことだよ。

訴訟要件の意義

訴訟要件とは、本案判決をするための要件です。**本案判決**とは、裁判所が審理すべき本来の案件についての判決という意味であり、原告が訴えによって示した被告に対する権利主張の当否についての判決のことです。

本案判決には、原告の請求が認められた場合の**請求認容判決**と、原告の請求が認められなかった場合の**請求棄却判決**があります。

ところで訴訟要件という概念は、なぜ必要なのでしょうか。民事訴訟制度は、国家が税金を投入して設営する制度ですから、すべての私人間の紛争を取り上げる必要がないことはいうまでもありません。多種多様な紛争のうち裁判によって解決することが適切な紛争のみを取り上げて裁判所は審理し判決をすればよいのです。これは、同時に被告がいわれのない訴訟に巻き込まれることを防止することにもつながります。

このように、訴訟要件は、訴訟経済（裁判所や当事者にかかる労力・費用を最小限度に留めようという考え）に根本的な理由があります。裁判所が裁判によって解決することを適切だとする事件を選別する機能を果たしています。

訴訟要件の種類

訴訟要件となる事項が何であるかについては、民事訴訟法上これを一般的に定めた規定はありません。一般には、民事訴訟法の個々の条文や制度の分析などを通じて、以下のような事項を一般的な訴訟要件として考えています。

■裁判所に関する事項

①事件について裁判権があること
②事件について管轄権があること

■当事者に関する事項

①当事者が実在していること
②当事者能力を有すること
③当事者適格を有すること
④訴え提起ないし訴状受領につき、意思能力・訴訟能力等があること
⑤訴訟費用の担保提供があること

■訴訟物に関する事項

①同一事件について他に訴訟が係属していないこと（142条）
②再訴禁止に触れないこと（262条2項）
③別訴禁止に触れないこと
④請求に権利保護の適格・資格があること
⑤仲裁契約や不起訴の合意がないこと
⑥訴えの利益があること

■ 訴訟要件の調査

　訴訟要件は、訴訟を開始するための要件ではなく、**本案判決をするための要件**です。

　訴訟要件の存在が必要とされるのは、本案審理が終結した時点、すなわち口頭弁論終結時です。この口頭弁論終結時とは、必ずしも第一審の口頭弁論終結時というわけではなく、控訴された場合には、控訴審の口頭弁論終結時であるとされています。控訴審は第一審の連続として捉えられるからです（続審制。094参照）。

　訴訟要件が欠けていると、訴えは却下されます。

ポイント

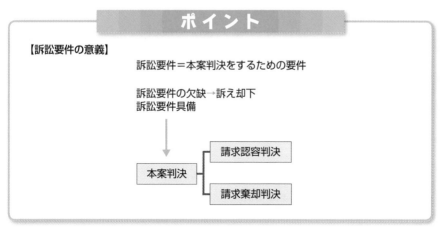

【訴訟要件の意義】

訴訟要件＝本案判決をするための要件

訴訟要件の欠缺→訴え却下
訴訟要件具備

本案判決 ── 請求認容判決
　　　　 ── 請求棄却判決

ミニテスト

1　訴訟要件は訴訟を開始するための要件である。
2　訴訟要件の具備を判断する時点は原則として訴え提起の時点である。

解答　1　× 訴訟要件は、訴訟を開始するための要件ではなく、本案判決をするための要件です。

　　　　2　× 訴訟要件の判断の基準時は原則として事実審の口頭弁論終結時です。例外は管轄権であり、管轄権は起訴の時が判断基準時です。

022 訴えの利益〜給付訴訟

本案判決を受ける正当な利益のことです

> **Q** 将来給付の訴えって何？
>
> **A** 口頭弁論終結時までに履行期の到来しない給付の訴えのことだよ。

訴えの利益の意味

訴えの利益とは、原告が提起した訴えが、本案判決を受けるに値する正当な利益を有していることをいいます。

原告が立てた請求のひとつひとつについて、紛争を解決するために本案判決をする必要性があるか、および本案判決をすることが紛争解決の実効性をもつかを吟味するための要件です。

訴えの利益は、訴訟要件の中でも、当事者適格とともに請求の内容と密接に関連する点で、他の訴訟要件と異なる性質をもっています。

訴えには、給付の訴え、確認の訴え、形成の訴えの３種類があり、これらに共通の訴えの利益は、
①請求が法律上の争訟であること（法の適用により解決しうる具体的な権利または法律関係に関する争いでなければならないということ）
②起訴が禁止されていないこと
③同一の請求について既判力のある判決が存在しないこと
④訴訟による解決を不当とする特別の事情がないこと
等があります。

給付の訴えの利益

また、現在給付の訴えとは、既に履行期の到来した給付請求権の存在を主張する訴えです。履行期が到来している以上、原則として、訴えの利益が認められます。

将来給付の訴えは、口頭弁論終結時までに履行期が到来しない給付請求権を主張する訴えです。将来給付の訴えは、「あらかじめその請求をする必要がある場合」に限り、提起することができます。「あらかじめその請求をする必要がある場合」は、義務者の態度・給付義務の目的・性質を考慮して判断します。

たとえば、義務者が「給付義務などない」として給付義務の存在そのものを争っているような場合や「給付義務があることは認めるけれども履行期が違う」等といって争っているような場合であれば、適時の履行が期待できないといえますから、「あらかじめその請求をする必要がある場合」にあたるといえます。

また、定期行為のように給付義務の性質上履行期に履行がないと原告が著

しい不利益を受けるような事情があるときは、訴えの利益が認められます。

　土地建物の明渡請求で明渡済みまでの賃料相当損害金を請求する場合等のように継続的（又は反復的）給付について、現に履行期にある部分について不履行である以上は、将来の分の履行も期待できませんから、「あらかじめ請求する必要がある場合」にあたるといえます。

ポイント

【給付の訴えの利益】

現在給付の訴えの利益
→履行期が到来している以上、原則として訴えの利益あり

将来給付の訴えの利益
→「あらかじめ請求をする必要がある場合」に限り、訴えの利益あり

ミニテスト

1　金銭債務者が「債務があることは認めるが履行期が違う」と主張して争えば、民事訴訟法135条の「あらかじめその請求をする必要がある場合」にあたる。

2　給付の訴えにおいて主張される給付請求権は、口頭弁論終結時に履行すべき状態になければならない。

解答　1　○　適時の履行が期待できないからです。

　　　　2　×　将来給付の訴えの場合があります。

023 訴えの利益～確認訴訟

確認訴訟についての訴えの利益のことを確認の利益といいます

Q 確認の利益が問題とされるのはなぜなの？

A 確認の訴えの対象は論理的には無限定だからだよ。

確認の利益の有無の判断

確認訴訟の対象は論理的には無限定です。そこで、訴訟経済の要請により、民事訴訟制度の運用上、確認の利益の有無によって本案判決をすべき確認訴訟を限定する必要が出てきます。

確認訴訟における訴えの利益（確認の利益）の有無については、通常、
①確認対象として選択したものが適切か否か
②即時に確定する利益があるか否か
③確認訴訟という方法によることが適切か否か
以上の３点から検討されています。

確認対象の選択の適否

確認訴訟の対象は、原則として、**権利・法律関係の存否**でなければなりません。民事訴訟は、法律上の争訟の解決を目的とするものだからです。

その権利・法律関係は、原則として「現在の」権利・法律関係である必要があります。権利・法律関係は常に変動するものであり、過去の権利・法律関係を確認しても必ずしも現在の紛争を解決することに役立たないことが多

いからです。もっとも、過去の法律関係を確定することによって、それを前提として多発することが予想される紛争を抜本的に解決できる場合には、過去の法律関係について確認の利益が認められます。

即時確定の利益

当事者の具体的事情を考慮して、紛争解決の必要があり、解決に値する紛争のみをとりあげるための判断要素です。

被告が原告の主張する権利・法律関係を争っている場合であれば、被告が原告の法的地位を不安定にしているといえますから、原則として確認の利益が認められます。もっとも、請求権の時効の完成猶予・更新の必要がある場合などでは、相手方がとくに争っていない場合にも例外的に確認の利益は認められます。

方法選択の適否

確認の訴えという訴訟形態をとることが紛争解決にとって有効・適切か、という観点からの判断要素です。

給付の訴えや形成の訴えが可能な場合には、請求権や形成権自体についての確認の利益は、原則として認められません。勝訴により執行力や形成力の得られる給付の訴えや形成の訴えによる方が、権利関係に既判力が認められるにすぎない確認の訴えによるより、有効かつ終局的な紛争解決が得られるからです。

　なお、給付判決を既に得ている場合であっても、時効の完成猶予・更新の必要のある場合には、請求権自体の確認を求める訴えも認められます。時効の完成猶予・更新のため、請求権自体の確認の訴えを認める必要があるからです。

ポイント

【確認の利益の有無の判断】

確認の対象

　　原則→現在の権利・法律関係

　　例外→過去の法律関係

　　　　証書真否確認の訴え

即時確定の利益

　　被告が争っている場合

方法選択の適否

　　給付訴訟や形成訴訟によることができる場合には認められない

ミニテスト

1　確認の対象が権利や法律関係であれば、必ず確認の利益を認めることができる。

2　給付判決を既に得ていれば、給付請求権それ自体の確認の利益は認められない。

解答　1　×　確認の対象は原則として現在の権利・法律関係であることが必要です。

　　　　2　×　給付判決を既に得ていても、時効の完成猶予・更新の必要のある場合には、請求権自体の確認を求める利益は認められます。

024 当事者適格

訴訟を追行して(進めていって)本案判決を求めることができる資格のことです

Q 当事者適格とは何なの？

A 個別の事件で訴訟物につき当事者として訴訟を追行し本案判決を求めうる
資格のことだよ。

当事者適格の意味

当事者適格とは、個別の事件で訴訟
物について本案判決を求めうる資格を
いいます。個別の訴訟物たる権利又は
法律関係を問題にする点で、一般的に
訴訟の当事者となりうる能力（資格）
であることを意味する当事者能力とは
違います。

当事者適格の機能は、誰と誰との間
で紛争を解決するのが必要かつ有効か
を検討して本案判決を受けるべき当事
者を選別する点にあります。この点
で、本案判決をなすべき訴訟物を選別
する「訴えの利益」（022参照）とは
機能が異なります。

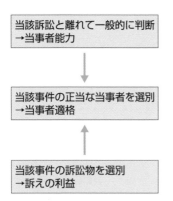

当該訴訟と離れて一般的に判断
→当事者能力

↓

当該事件の正当な当事者を選別
→当事者適格

↑

当該事件の訴訟物を選別
→訴えの利益

正当な当事者

当事者適格があれば訴訟を追行する
ことができますので、当事者適格があ
ることを、「訴訟追行権を有する」と
表現します。

また、当事者適格を有する者を正当
な当事者と表現します。

一般的に、審判の対象（訴訟物）と
された権利義務が帰属する主体が正当
な当事者となります。訴訟類型別にい
うと、次のようになります。

給付の訴えでは、被告に対して給付
請求権を主張する者が原告適格を有
し、義務者とされた者が被告適格を有
することになります。

確認の訴えでは、確認の利益がある
か否かの判断が先行し、確認の利益を
有する者が原告であり、その確認を必
要ならしめている者が被告であるとい
うことになります。その意味では、確
認の利益の判断と当事者適格の判断と
は密接に関連しているといえるので
す。

形成の訴えでは、形成訴訟を認める
法律の条文において正当な当事者が定

められているのが通常です。

第三者の訴訟担当

　当事者適格は、第三者に認められる場合もあります。それが訴訟担当です。訴訟担当とは、訴訟物たる権利義務の帰属主体に代わり、又はこれと並んで、第三者が自ら当事者として当該権利義務について訴訟追行権を有する

場合をいいます。

　訴訟担当には、大別すると、法定訴訟担当と任意的訴訟担当の2種類があります。前者は法律の規定によって第三者が訴訟追行権を有する場合であり、後者は本来の利益帰属主体の意思により第三者が訴訟追行権を有することになる場合です。

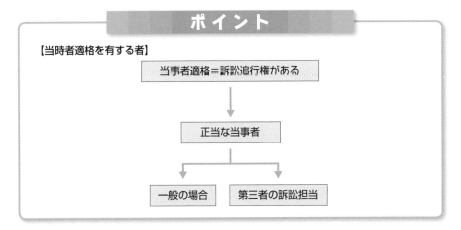

ポイント

【当時者適格を有する者】

当事者適格＝訴訟追行権がある

↓

正当な当事者

一般の場合　　第三者の訴訟担当

ミニテスト

1　当事者適格は、訴訟の当事者となりうる一般的資格である。

2　当事者適格は、本案判決をなすべき訴訟物を選別する機能を有する。

3　当事者適格は第三者に認められる場合もある。

解答　1　× 当事者能力の定義です。

　　　　2　× 当事者適格は本案判決を受けるべき当事者を選別する機能を有します。

　　　　3　○ 第三者の訴訟担当の場合です。

025 法定訴訟担当と任意的訴訟担当

訴訟を追行する（進めていく）人です

Q 法定訴訟担当と任意的訴訟担当の違いはどこにあるの？

A 法律の規定によって訴訟担当となるか否かだよ。

法定訴訟担当

法律の規定によって第三者が訴訟を担当すべき者となる場合を法定訴訟担当といいます。

法定訴訟担当は、その訴訟担当とされる根拠によって、担当者のための訴訟担当と職務上の当事者とに区別されます。

担当者のための訴訟担当は、法律上、一定の財産についての管理処分権が本来の権利者から奪われて、第三者に与えられている場合です。法律が第三者にその財産についての管理処分権を与えていることから、第三者がその財産についての訴訟を担当するのです。

たとえば、破産開始決定の時における破産者の財産は破産財団（破産者の財産のみで構成された財団）に取り込まれ、それについての管理処分権は破産管財人に移転しますので、破産法は破産財団に関する訴訟の追行権を破産管財人に与えています。その他、担当者のための訴訟担当には、株主代表訴訟の株主、債権者代位訴訟における債権者などがあります。

職務上の当事者は、一定の職務に就くことに基づいて訴訟追行権が付与される訴訟担当です。

たとえば、人事訴訟事件における検察官などがその例です。人事に関する訴えであって当該訴えの被告とすべき者が死亡し、被告とすべき者がいない場合には、検察官が被告となります。

任意的訴訟担当

任意的訴訟担当は、本来の利益帰属主体の意思に基づいて第三者に訴訟追行権が認められる場合です。意思に基づいて訴訟追行権を付与することを授権といいます。

任意的訴訟担当を法律の規定で認めている場合があります。選定当事者がそれです。この場合、あくまでも利益帰属主体の授権に基づいて訴訟担当になるのであり、法律の規定によって訴訟追行権を有することになるわけではないことに注意して下さい。

では、明文がない場合に任意的訴訟担当が認められるでしょうか。

この点については、考え方が分かれていますが、判例は、比較的緩やかに

認めているようです。最高裁は、「任意的訴訟信託は、民訴法が訴訟代理人を原則として弁護士に限り、また、信託法11条が訴訟行為を為さしめることを主たる目的とする信託を禁止している趣旨に照らし、一般に無制限にこれを許容することはできないが、当該訴訟信託がこのような制限を回避、潜脱するおそれがなく、かつ、これを認める合理的必要がある場合には許容するに妨げない」としています（最大判昭45.11.11）。

ポイント

【訴訟担当の種類】

訴訟担当 ─┬→ 法定訴訟担当
　　　　　└→ 任意的訴訟担当

法定訴訟担当	
担当者のための訴訟担当	破産管財人 株主代表訴訟の株主 債権者代位訴訟の代位債権者
職務上の当事者	検察官

ミニテスト

1　第三者が法定訴訟担当であるか任意的訴訟担当であるかは、法律が明文で規定している訴訟担当であるかどうかによって区別される。
2　職務上の当事者として、破産管財人がある。
3　明文のない任意的訴訟担当は、認められていない。

解答　1　× 法律の規定によって第三者が訴訟担当となる場合を法定訴訟担当といいます。
2　× 破産管財人は担当者のための訴訟担当です。
3　× 明文がない任意的訴訟担当も、弁護士代理の原則及び訴訟信託の禁止の制限を回避、潜脱するおそれがなく、かつ、これを認める合理的必要がある場合には認められます。

026 選定当事者

選定当事者はみんなの中から選びます

Q 選定当事者制度ってなぜあるの？

A 共同の利益を有する者が多数いる場合の訴訟を単純化する方策の１つだよ。

選定当事者制度の意味

任意的訴訟担当を法律の明文で認めたものとして、選定当事者の制度があります。

共同訴訟人（089参照）の数が多いと、手続が煩雑になるし、審理の足並みもそろわなかったりして、訴訟が複雑化し遅延することが多くなってしまいます。

そこで、多くの人が共同訴訟人とならなければならない場合については、訴訟を簡素化し、迅速化するため自分達の代表者を決めて、その代表者が全員のために訴えたり（原告側になる場合）、訴えられたり（被告側になる場合）することを認めたのです。

選定当事者の制度は、医療過誤や交通事故で多数の被害者が出て、その被害者が企業などを被告として損害賠償請求をするような場合などに利用できる制度です。

選定当事者制度利用の要件

選定当事者の制度を利用するには、以下の要件を充足することが必要です。

すなわち、①原告または被告となるものが多数存在すること、②多数者が共同の利益を有することです。「共同の利益」というのは、多数者の各自が有する請求についていうものであり、それら各人の請求が同一の法律上または事実上の原因に基づき、かつ主要な攻撃防御方法を共通にしている場合をいいます。たとえば、１つの交通事故により多数の被害者が出て、その被害者達が損害賠償請求をするような場合です。さらに、③共同の利益を有する多数者の中から、選定当事者が選定されることが必要です。これは、弁護士代理の潜脱（訴訟代理人は弁護士でなければならないという原則を骨抜きにすること）を防ぐ趣旨から必要とされる要件です。

選定当事者制度では、選ぶ側を選定者、選ばれた側を選定当事者といいます。選定当事者制度は、選定者各人の利益を各人の意思に基づいて処分する制度です。ですから、選定行為は選定者一人一人が行う必要があり、選定を

多数決で決めることはできません。この選定行為は明確を期するために書面でしなければなりません。しかし、必ずしも全員が1人を選定当事者とする必要はなく、選定当事者が複数人いてもかまいません。

また選定行為は、訴えの提起前だけでなく、訴訟の係属後に行ってもかまいません。訴訟の係属後に選定行為を行った場合、選定当事者以外の者は、その訴訟から自動的に脱退することになります。

選定当事者は、選定者のために訴訟当事者として訴訟追行権をもち、その訴訟について一切の訴訟行為を行うことができます。すなわち、選定当事者は正当な当事者となります。

選定当事者が受けた確定判決の効力は選定者にも及びます。

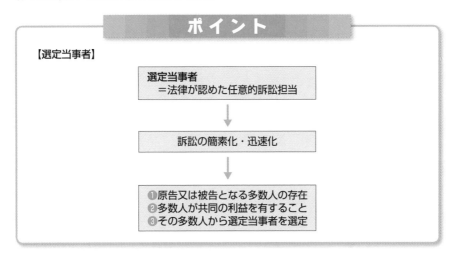

ポイント

【選定当事者】

選定当事者
＝法律が認めた任意的訴訟担当

↓

訴訟の簡素化・迅速化

↓

❶原告又は被告となる多数人の存在
❷多数人が共同の利益を有すること
❸その多数人から選定当事者を選定

ミニテスト

1　選定当事者は、共同の利益を有する多数人が多数決で選定する。
2　選定当事者の選定は、訴えの提起前に行わなければならない。
3　選定当事者は1人でなければならない。

解答　1　×　選定行為は、選定者各自が行う必要があり、多数決による選定はできません。

2　×　選定行為の時期について特に制限はなく、訴訟の係属後に選定してもかまいません。

3　×　選定当事者は複数人であってもかまいません（30条1項）。

027 二当事者対立構造

民事訴訟における当事者間の基本的な形のことをいいます

Q 二当事者対立の構造って、どのような内容を意味するの？

A 訴訟においては、対立する当事者が存在すること、および当事者双方は公平に扱われるべきだということなんだよ。

二当事者対立の構造

近代私法においては、個人の自由を基本理念としてきました。そのため、個人（私人）間の法律関係については可及的に個人（権利者）対個人（義務者）という図式で捉えられてきました。このような個人対個人という構造は、訴訟手続においても反映されて、二当事者対立構造がとられ、民事訴訟においては、原告と被告の二当事者が対立するという構造になります。これが民事訴訟の基本的な形なのです。

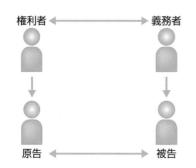

権利者 ←→ 義務者

原告 ←→ 被告

二当事者対立構造の現れ

二当事者対立構造や、それを反映した建前は、訴訟手続のさまざまな場面に現れます。

民事訴訟手続では、当事者はその言い分を主張する機会を平等に与えられなければならないと考えられています。

当事者双方に攻撃防御方法を提出する機会を平等に与え、両者を対等に扱うことによって手続の公平性が保たれると考えられています。これを双方審尋主義あるいは武器対等の原則といいます。

また、二当事者対立の構造は、訴訟手続の中断・中止の場合などに端的に現れているといえます。たとえば、当事者が死亡した場合、訴訟手続は中断します（124条1項1号）。そして、死亡した当事者の相続人、相続財産管理人その他法令により訴訟を続行すべき者は、訴訟手続を受け継がなければならないとされています。この訴訟手続を受け継ぐことを受継といいます。この規定は、二当事者対立構造が崩れた場合、いったん訴訟手続を中断し、受継という措置をとることによって二当事者対立構造を実質的に回復しようとするものといえます。

さらに、二当事者対立構造は、口頭

弁論という手続にも反映されています。民事訴訟手続においては、対立する当事者がともに対席して、各当事者が主張と立証をしていくという審理の方式が採られています。この審理方式がいわゆる口頭弁論で、民事訴訟法では、判決するにあたっては、必ず口頭弁論を開かなければならないと定められています（87条1項本文）。これを必要的口頭弁論の原則といいます。

必要的口頭弁論の原則は、対立する当事者が対席して弁論しなければならないということを内容としていますので、二当事者対立構造を反映した審理方式であるといえます。

訴訟の終了

訴訟の係属中に、原告と被告の地位が混同した場合、当事者の対立構造が消滅しますので、訴訟は終了します。混同とは、たとえば、訴訟の係属中に、原告が死亡したところ、その相続人が被告ただ1人しかいなかったというような場合です。原告である会社と被告である会社とが合併した場合も混同により訴訟は終了します。

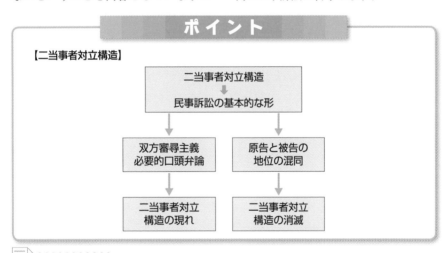

【二当事者対立構造】

ポイント

二当事者対立構造
↓
民事訴訟の基本的な形

双方審尋主義
必要的口頭弁論

原告と被告の
地位の混同

二当事者対立
構造の現れ

二当事者対立
構造の消滅

ミニテスト

1　双方審尋主義は、二当事者対立構造の現れであるといえる。
2　原告が訴訟代理人をつけないで訴訟の係属中死亡した場合、訴訟手続は当然に中断する。
3　訴訟の係属中に原告である株式会社と被告である株式会社が合併した場合、その訴訟は終了する。

解答　1　○　　2　○　124条1項1号、2項。
　　　3　○　原告と被告の地位の混同が生じて、二当事者対立構造が消滅するので訴訟は終了します。

028 民事訴訟手続の基本原則

民事訴訟の重要な基本原則を知りましょう

Q 民事訴訟手続にはどんな基本原則があるの？

A 訴訟手続の利用に関して処分権主義、訴訟資料に関して弁論主義、手続の進行に関して職権進行主義があるよ。

処分権主義

処分権主義とは、訴訟手続の開始・審判対象の特定・訴訟手続の終了について、当事者に支配権を認める建前です。

民事訴訟において処分権主義が採用されているのは、実体法上、私益に関する事項については私的自治の原則がとられていることから、その私益に関する紛争について訴訟手続を利用して解決するか否かについても、当事者の意思を尊重しその意思に委ねたことによるものです。

実体法上、私的自治の原則

↓

訴訟法上、私的自治を反映

弁論主義

弁論主義は、処分権主義と並んで、民事訴訟法では非常に重要な概念です。

判決をするには、その判断をする基礎となる資料が必要になりますが、その資料を誰が収集するのか、そして、どのようにしてその資料を訴訟の審理の場に出すのか、が問題となります。その役割を、当事者が主導的に担う訴訟審理のやり方を弁論主義といいます。弁論主義は、判決に必要な資料の収集・提出について、その権限と責任が当事者にあるとする建前です。これに対し、訴訟資料の探索収集を裁判所の職責でもあるとする建前を職権探知主義といいます。

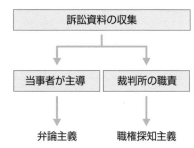

訴訟資料の収集

当事者が主導　　裁判所の職責

弁論主義　　　　職権探知主義

職権進行主義

以上のように審理の内容を占める訴訟資料の収集・提出については当事者に主導権が委ねられる弁論主義が採られています。

しかし、審理の進行といった手続面に関しては、裁判所に主導権が認めら

れています。

　民事訴訟法には、こういった職権進行主義を一般的に宣言する規定はありませんが、訴訟の審理の進行について

期日の指定や変更を職権でなしうる旨が個々の条文において示されています。

ポイント

【民事訴訟手続の重要な基本原則】
　　　　　　訴訟手続の利用　→処分権主義
　　　　　　審理の内容　　　→弁論主義
　　　　　　手続の進行　　　→職権進行主義

ミニテスト

1　民事訴訟の開始は訴えの提起によってなされるが、これは処分権主義の訴訟開始面における現れである。
2　民事訴訟法は、手続の進行に関して職権進行主義を採用することを一般的に宣言している。
3　訴訟資料の収集や提出を当事者の責任と権限とする建前を弁論主義という。
4　職権探知主義の下では、訴訟資料の収集は裁判所の権限であり、当事者は訴訟資料の収集や提出に関与できない。
5　民事訴訟においては、審理の内容面については当事者が主導権をもち、審理の進行面については裁判所が主導権をもつという建前が基本的に採用されている。

解答　1　○
　　　2　×　民事訴訟法には職権進行主義を一般的に宣言する規定はありません。
　　　3　○　弁論主義の定義です。
　　　4　×　職権探知主義は、訴訟資料の探索収集を裁判所の職責ともする建前であり、当事者による訴訟資料の収集提出を排除するものではありません。
　　　5　○

029 処分権主義

民事訴訟制度を利用するのも止めるのも自由です

Q 処分権主義とは何なの？

A 訴訟手続の利用（開始・範囲・終了）を当事者の意思に委ねる建前だよ。

処分権主義の意味

処分権主義とは、訴訟の開始、審判対象の範囲の限定、訴訟を終了させる権能を当事者に認める建前をいいます。

この定義に、3つのファクターが盛り込まれていることに注意して下さい。①訴訟を開始するか否か（訴訟手続を利用するか否か）、②訴訟手続を開始するとして、どの範囲で利用するか（枠づけするか）、③いったん開始した訴訟について、判決で決着をつけるのではなく、自主的に終わらせるかどうか、のすべてが当事者の権能であるということです。

私的自治の反映

民事訴訟の対象は、私益に関する紛争です。「私益」とは、私人が自由に処分することができる財産的利益といってよいでしょう。

実体法の世界では、私益に関する処分は、私的自治に委ねられています。ですから、XがYに貸したお金を約束の期日になっても返してもらえない場合に、粘り強く催促して返してもらうのも、裁判所に訴えて返してもらおうとするのも、返してもらうのを諦めるのもXの自由なのです。

このように、実体法上、私益の処分は私的自治に委ねられているのですから、私益に関する紛争の解決に当たって訴訟手続を利用するか否かについても、私的自治を尊重しようというのが処分権主義なのです。

訴訟の開始

以上のように、民事訴訟制度を利用するか否かは、当事者（原告）が、自由に決定すればよいことであって、訴えがない限り、裁判所が審判を開始することはありません。「訴えなければ裁判なし」ということです。

訴訟の範囲の設定

訴訟手続を開始すると決めた上で、どの範囲で利用するかも当事者（原告）が判断します。どの範囲で利用するかというのは、たとえば、XがYに貸しているお金の全額を請求せずに、半額返してもらいたいと考えて、半額を訴訟で請求するような場合です。

訴訟の終了の自由

訴訟を開始するかどうか、開始するとして、どの範囲で裁判所を利用するのかは原告の自由に委ねられている以上、途中で、原告が訴訟を終了させることも自由です。たとえば、訴訟の途中で相手方がお金を払ってくれると言いだしたので、訴訟を追行する必要性が消滅したと判断した原告は、訴えを取り下げて訴訟を終了させることもできます。

また、被告が訴訟上の請求に理由がある旨を裁判官の面前で認めることによって訴訟を終了させることもできます。これが請求の認諾です。逆に、原告が請求を放棄することもできます。ここでは、請求の認諾とは、請求のレベルで相手方の言い分を認めてしまうこと、請求の放棄とは、請求に理由がないことを認めてしまうことであると理解しておけばよいでしょう。さらに、原告と被告との間で、お互いに譲歩して訴訟を止めるという合意に達し、裁判官の面前で合意したときは訴訟上の和解が成立します。このように、開始した訴訟手続の利用をやめますということも当事者が自分で決めることができるのです。

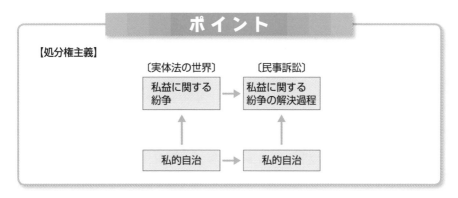

【処分権主義】

〔実体法の世界〕　　　〔民事訴訟〕

私益に関する紛争　→　私益に関する紛争の解決過程

私的自治　→　私的自治

1　民事訴訟制度を利用するかどうかを当事者の意思に委ねる建前を弁論主義という。
2　請求の認諾や請求の放棄は、処分権主義の訴訟終了面における現れである。

解答　1　×　これは処分権主義であって、弁論主義ではありません。
　　　　2　○

030 申立事項と判決事項

訴えと判決との関係を見てみましょう

Q 再裁判所は紛争解決のためならどんな判決でもできるの？

A 判決は申立ての範囲内でなされなければならないんだ。

判決の範囲

　処分権主義によれば、裁判所の判断する内容は、当事者が申し立てた事項に枠づけられ、当事者の申立てを超えて判決をすることはできません。民事訴訟法246条は、民事訴訟の基本原則である処分権主義の内容のうちの１つの局面を示したものです。すなわち、(a)訴訟の開始、(b)審判対象の範囲の限定、(c)判決によらずに訴訟を終了させる権能という処分権主義の３つの内容のうち、(b)の局面（場面）について規定したものです。

申立事項の意味

　申立事項とは、原告によって審判の対象であると指定された事項をいいます。それは、①原告の被告に対する一定の権利関係の存否の主張と②その権利関係について原告の求める審判手続・判決内容とから成り立つ概念です。

　処分権主義は私的自治を訴訟へ反映したものですから、審判の客体である①の部分のみならず、裁判所に対する要求に当たる②の部分についても原告

の意思を尊重しなければならないとされるのです。

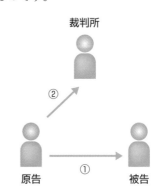

　原告は、訴状の「請求の趣旨」の記載によって、申立事項を特定します。

申立事項と判決事項

　裁判所は、原告が訴状によって申し立てた訴訟物について判決をしなければなりません。申立てと異なる訴訟物について判決をすれば、民事訴訟法246条違反となります。

　また、裁判所は、原告が訴状の請求の趣旨の欄で明示した判決の種類に拘束されます。つまり、裁判所は確認・給付・形成のいずれの判決を求められているか、訴状の指定に拘束されます。たとえば、原告が給付判決を求め

ているのに確認判決をすることは許されませんし、逆に、原告が確認判決を求めているのに給付判決をすることも許されません。

さらに、裁判所は、原告の申し立てた権利救済の範囲に拘束されます。たとえば、原告の1000万円の支払請求に対して、その金額を超えた1200万円の支払を命じる判決をすることは許されません。

一部認容判決

ところで、それとは逆のケースで、裁判所が審理の結果、請求全部ではなく、その一部を認容する場合を考えてみましょう。たとえば、1000万円の金銭の支払請求につき、800万円ならば認容できるという場合です。このような一部認容判決をすることが許されるかが問題になります。

原告の通常の意思は、申立ての全部を認容する判決が得られなければ請求棄却判決しかいらないというものではなく、むしろ、請求の全部が認容されないのならば一部のみでも認容してほしいというものでしょう。このような原告の通常の意思への合致を根拠として、一部認容判決は認められています。そこで、この場合には、800万円の支払いを命じ、その余の請求を棄却することになります。

ポイント

【申立事項と判決事項】

> 申立事項
> ❶（対被告）一定の権利関係の存否の主張
> ❷（対裁判所）審理・判決の要求

↓

> 判決事項
> 　一部認容判決は許される

1　民事訴訟法には、処分権主義を一般的に宣言した規定が置かれている。
2　原告が確認判決を求めているのに、裁判所が給付判決をすることは許されない。

解答　1　×　処分権主義を一般的に宣言した規定はありません。
　　　　2　○　裁判所は、判決をするにあたり原告の求めた判決の種類に拘束されます。

031 債務不存在確認の訴え〜請求の特定

請求の特定がないと審判の対象が明らかになりません

Q 債務不存在確認の訴えにおいては、請求の特定はどのようにするの？
A 債務の発生原因・債務の総額を示すんだよ。

請求の特定の必要性

原告が、請求を特定して訴えを提起しなければ、裁判所は、何につき審理し判決をしてよいかが明確になりません。また、被告にとっても、防御の対象が明確にならず、指針も立ちません。

請求の特定は、訴状に当事者と請求の趣旨・原因が記載されることによりなされます。請求が特定されなければ裁判長が訴状却下命令を出すことになります。

債務不存在確認の訴えにおける請求の特定

債務不存在確認の訴え（債務がないということを確認してもらう訴え）において、原告は、不存在を主張する債務の具体的な発生原因を訴状の「請求の趣旨」の部分に記載して審判の範囲を特定します。債務の発生原因とは、不法行為の場合ならば、不法行為の当事者、日付、場所等です。そして、債務の金額についても、訴状に債務の総額を示し、その全部または一部の不存在について確認を請求し、それらを訴

状の「請求の趣旨」の部分に表示します。例えば、「3000万円の債務のうち、1000万円を超える部分の不存在を確認する」というように記載します。この場合には請求の特定が認められることには問題がありません。

では、債務不存在確認の訴えにおいて、一定額の債務は認めるが、それを超えて債務は存在しないという債務の上限が示されていない場合、請求の特定は欠けることとなるのでしょうか。

最高裁は、ある判例において請求の趣旨で上限を示さなかった債務不存在確認の訴えを適法としています（最判昭40.9.17）。この事件では、債務の上限は請求の趣旨において明示されませんでしたが、審理の中で訴訟物の特定がなされています。

不法行為に基づく損害賠償債務の不存在確認の訴えの場合

交通事故の加害者Yは被害者Xに対し、「YのXに対する残額債務は1000万円を超えては存在しないことを確認する」ことを求めて訴えを提

起しようとしている。

このケースでは、Yが認めている債務の金額（自認額）1000万円を超えたその余の債務について金額が示されていません。つまり債務の上限が示されていないのです。そこで、この場合、請求の特定が欠けることになり、裁判所に取り上げてもらえないのではないかという疑問が生じます。

しかし、一般に、不法行為に基づく損害賠償債務の不存在確認の訴えの場合、原告たる債務者は、債務の具体的な金額を把握できない場合が多いのに対し、被告となる債権者には、特別の事情がない限り、債務の総額を知っているかまたは容易に知りうる立場にあります。したがって、請求が特定されていなくても、被告は防御に困らない場合もあります。また、請求の趣旨の中で示される具体的な債務の発生原因によって請求は特定でき、裁判所が審判の範囲を確定できるということもあるでしょう。

本件のようなケースでは、「残額債務は1000万円を超えては存在しないことを確認する」というのですから、損害賠償総額が決まっていることを前提としたものと考えることもできます。

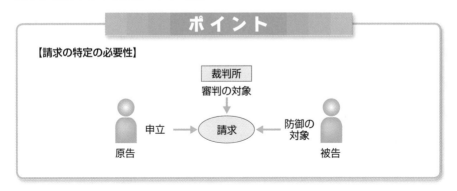

ポイント

【請求の特定の必要性】

ミニテスト

債務の上限を示さない債務不存在確認の訴えは、請求の特定を欠くので不適法却下となる。

解答 × 上限が認定できれば請求は特定できるから、不適法却下になるとは限りません。

第4編 訴訟の審理

63

032 必要的口頭弁論の原則

判決によって完結する事件については口頭弁論を行うのが原則です

Q 口頭弁論はなぜ必要なの？

A 判決をなすにあたり本案審理を慎重にするためだよ。

必要的口頭弁論の原則

裁判所は、判決をもって完結すべき事件については、必ず口頭弁論を行わなければなりません（87条1項）。これを必要的口頭弁論の原則といいます。

判決は当事者に重大な効果をもたらすものであることから、判決手続は公開の法廷において、当事者に十分に攻撃防御の機会を保障してなさなければならないという趣旨です。また、判決は、口頭弁論に出された資料に基づいて行うのが原則ですから、必要的口頭弁論の概念は、単に審理方式としての口頭弁論を経るだけでなく、口頭弁論で陳述され、あるいはそこに提出された資料（事実と証拠）のみが裁判の基礎になるという趣旨を含みます。

必要的口頭弁論の例外

（1）訴訟要件を欠く訴訟の場合

必要的口頭弁論の例外として、まず挙げられるのは、訴訟要件を欠く訴訟の場合です。訴えが不適法でも、その不備を補正（012参照）することが可能であるならば、補正の機会を与える

ことになりますが、補正ができない場合には、口頭弁論を開いても無駄になります。そこで、裁判所は、口頭弁論を開かないで、判決で訴えを却下することができるとされたのです。

さらに、控訴要件を欠くことを理由にする控訴却下判決の場合、上告審の書面審理による上告却下の決定等の場合も同じような考慮が働きます。

（2）書面審理による上告棄却の場合

次に、必要的口頭弁論の例外として挙げられるのは、書面審理による上告棄却の場合です。上告審は、もっぱら法律の解釈適用という面から審理を行う法律審であって、書面審理のみで上告に対する応答をすることが可能であることから、口頭弁論を経ないで判決をすることができるものとされたのです。

（3）命ぜられた担保提供を行わない場合

民事訴訟では、訴訟費用は敗訴者が負担するのが原則です（100参照）。そこで、被告は、訴えられたときに、原告が日本国内に住所、事務所および営業所を有しない者であるときは、訴

訟費用を確保するために、訴訟費用に関する担保の提供を求めることができます。そして、裁判所が、原告に対して命じた担保を立てるべき期間内に原告が担保を立てないときは、裁判所は、口頭弁論を経ないで、判決で、訴えを却下することができるとされています。

担保の提供は訴訟要件であり、担保の提供がない限り、本案についての審理を行う必要がなく、口頭弁論を開かないで訴えを却下する旨の判決をすることができるとされたのです。

(4) 変更判決の場合

民事訴訟法では「変更の判決は、口頭弁論を経ないでする」と規定してい

ます（256条2項）。これは、上訴審の負担軽減の趣旨から認められた制度です。法令適用上の過誤は、判決自体から発見し易く直ちに是正できるし、多くの場合、口頭弁論を開かなくても、その是正は可能ですから、口頭弁論を開かないで変更判決をできるものとされたのです。

なお、現在、口頭弁論のオンライン出席（裁判所と当事者双方が映像と音声の送受信により相互にしながら通話をすることができる方法によって口頭弁論の期日における手続を行うこと）を可能とすることが検討されています。

ポイント

【口頭弁論を経る必要がない場合】

❶訴訟要件を欠く訴訟の場合（140条）
　控訴要件を欠く控訴の場合（290条）
　書面審理による上告却下の場合（317条）
❷書面審理による上告棄却の場合（319条）
❸命ぜられた担保提供を行わない場合（78条）
❹変更判決の場合（256条）

ミニテスト

裁判所は、口頭弁論を開かなければ、判決をすることはできない。

解答　× 口頭弁論を経ないで判決をすることができる場合があります（78条、140条、290条など）。

033 任意的口頭弁論と審尋

審理の方式として口頭弁論を経ない場合です

Q 口頭弁論は必ず行われなければならないの？

A 「決定」で完結すべき事件では必ずしも必要ではないんだ。

任意的口頭弁論

判決に至る訴訟手続の過程においては、管轄の指定、引受承継の決定など、訴訟手続上派生的に生じる事項があります。こうした事項は、性質上、簡易迅速な処理を要しますし、審理手続も柔軟なものが必要となります。

そこで、こういった事項については、「決定」で裁判されることになります。決定とは、裁判所がする裁判で、判決以外の裁判をいいます。

決定で完結すべき事件の審理には口頭弁論は必要ではないとされ、口頭弁論を開くかどうか、開いた場合でも、書面審理へ移行するかどうかは、裁判所の裁量に委ねられています。そして、裁判所が任意に口頭弁論を開くかどうか等を決められるので、任意的口頭弁論と呼ばれています。

決定で裁判する事項であっても、性質上、口頭弁論の手続の中で扱われるものがあります。例えば、訴えの変更、弁論の制限・分離・併合、時機に後れた攻撃防御方法の却下等です。これらの審理と裁判は、口頭弁論に基づいて行われることになります。

また決定で完結すべき事件では、審理方式は口頭弁論に限定されているわけではありません。裁判所は、口頭弁論に提出されなかった資料も斟酌して裁判することができます。

決定手続の審理は、元来、書面審理が原則です。したがって、任意的口頭弁論として行われる口頭弁論は、口頭主義・弁論主義に基づくものではなく、書面審理を補充する意義をもつにすぎません。任意的に口頭弁論が開かれても、その前後で提出された書面と口頭弁論の陳述とは同格に斟酌されます。ただ、口頭弁論である以上は、公開されることが必要です。

決定手続の審理

↓

書面審理が原則なので口頭弁論で得られた資料と書面は同格

審　尋

弁論を開かない場合でも、当事者の主張をできるだけを聞いたうえで裁判すべきですから、必要のある場合には、裁判所は当事者を審尋することができるとされています。

審尋とは、当事者その他の利害関係人に無方式で陳述する機会を与える手続きをいいます。無方式というのは口頭弁論のように、当事者を対席させて互いに言い分をぶつけ合うのではなくて、裁判所が当事者その他の利害関係人に、個別的に、書面または口頭で、陳述する機会を与えるということです。

必要的審尋

　審尋するかどうかは、原則として裁判所の裁量に委ねられていますが、当事者や第三者を審尋しなければならない場合があります。たとえば、裁判所は、第三者に対して文書の提出を命じようとする場合には、その第三者を審尋しなければなりません。

ポイント

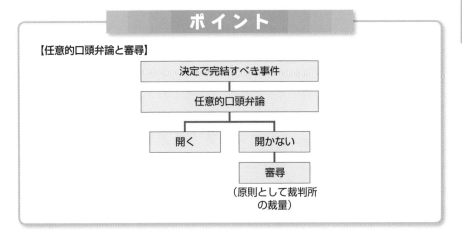

【任意的口頭弁論と審尋】

```
        決定で完結すべき事件
              │
         任意的口頭弁論
         ┌────┴────┐
       開く        開かない
                     │
                    審尋
            （原則として裁判所
             の裁量）
```

ミニテスト

1　任意的に口頭弁論が開かれた時、その口頭弁論は公開を要しない。
2　任意的に口頭弁論を開かないときでも、裁判所は裁量で審尋することができる。
3　審尋においては、当事者の一方だけに対して、陳述の機会を与えてもよい。
4　任意的に口頭弁論が開かれても、その前後で提出された書面と口頭弁論の陳述とは同格に斟酌されうる。

解答　1　×　口頭弁論である以上公開を要します。
　　　　　2　○
　　　　　3　○　審尋においては、当事者の一方にだけに陳述の機会を与えてもかまいません。
　　　　　4　○

034 公開主義

裁判は公開されるのが原則です

Q 公開主義って何？

A 傍聴できることや訴訟記録が開示されることだよ。

憲法の要請

公開主義とは、民事訴訟の手続を国民に公開して、その公正さを担保しようとする原則です。一般国民の監視のもとで訴訟の審理・判決を行わせることで、裁判の公平・適正に対する一般国民の疑惑を払拭し、それによって国民の信頼を確保しようとする趣旨です。

この公開主義は憲法上の要請です。憲法82条1項は、公開の原則を掲げ、裁判の対審及び判決は、公開法廷で行うものとしています。

ここにいう「対審」は、民事訴訟については口頭弁論を意味します。

口頭弁論と判決という民事訴訟手続の中核部分が公開の法廷で行われなければならないと憲法は要請しているわけです。

公開の制限

公開の態様として、①一般国民に公開する、②関係者に公開する、③当事者にのみ公開する、という態様があります。

❶一般公開
❷関係者公開
❸当事者公開
❹非公開

裁判の公開が憲法上の原則であるということからすれば、公開は極めて強い要請であり、一般公開こそが理念型だともいえそうです。しかし、他方において、裁判を公開することによって、プライバシーが侵害されるとか、営業上の秘密が漏れて著しく不利益を受けるという事態が生じることがあります。プライバシーや営業上の秘密が侵害されるのであれば、裁判するのを止めようということになってしまい、裁判を受ける権利（憲法32条）が実質的に制約されるという可能性があります。これでは、プライバシーや営業秘密に対する配慮がなければ民事訴訟制度は、その本来の機能を十分に発揮できなくなってしまいます。

まず、プライバシーへの配慮は、審理手続、特に証人尋問や当事者尋問において必要となります。

そのような事情を踏まえて、人事訴訟法22条は、プライバシーにかかわる

尋問について「当事者尋問等の公開停止」制度を規定しています。これによって、離婚事件などにおいて個人の私生活上の事実が問題にされる場合に公開が制限されることになります。

次に、営業秘密への配慮は、一般への公開だけでなく、特に訴訟の相手方に対する関係でも十分になされなければなりません。営業秘密の侵害を理由として差止めや損害賠償請求を求めるのに、営業秘密が相手方に開示されてしまうと、営業秘密の財産的価値が失われてしまいます。そのような事情を踏まえて、特許法および不正競争防止法にも、裁判の公開と営業秘密との調整を図った「当事者尋問等の公開停止制度」の規定があります（特許法105条の7、不正競争防止法13条）。

訴訟記録

公開の要請を受けて、民事訴訟法では、訴訟記録の閲覧に関して、何人も、裁判所書記官に対し、訴訟記録の閲覧を請求することができるが、公開を禁止した口頭弁論に係る訴訟記録については、当事者及び利害関係を疎明（一応、確からしいとの推測を得させること）した第三者に限り、裁判所書記官に対し、閲覧請求をすることができると規定しています（91条）。

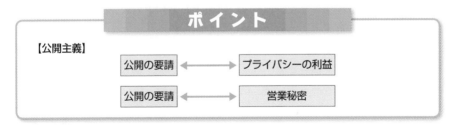

ポイント

【公開主義】

公開の要請 ←→ プライバシーの利益

公開の要請 ←→ 営業秘密

 ミニテスト

1 何人も、裁判官に対し、訴訟記録の閲覧を請求することができる。
2 公開主義は、憲法の要請である。

解答 1 × 閲覧請求は裁判所書記官に対して行います（91条1項）。
　　　　2 ○

035 口頭主義と直接主義

臨機応変な審理のために判決をする裁判官の前で口で述べることです

Q 口頭主義には、どういうメリットがあるの？

A 裁判官に新鮮な印象を与えることができるんだよ。

口頭主義

口頭主義とは、訴訟の審理において、裁判官の面前で当事者が主張・立証を口で述べる形で行う建前をいいます。

口頭主義では、口頭で陳述されたもののみが訴訟資料となります。

口頭主義は、裁判官に新鮮な印象を与えることができます。また、口頭主義は、公開主義・直接主義と結びついて、臨機応変な審理ができ、弁論を活性化させるといわれています。

しかし、複雑な事案のときには、口頭の陳述だけでは不正確になる事態も避けられません。また、口頭主義では結果を記録し保存するという点において難点があることも否定できません。そこで、民事訴訟法は、以下のような書面による補完を考えています。

口頭主義の書面による補完

（1）手続の確実を期するために訴えの提起については地方裁判所以上では必ず訴状を提出するものとされています。請求の追加は書面ですることが要求されています。

（2）不意打ち防止や事実関係の把握を容易にするために、口頭弁論は、書面で準備しなければなりません。

（3）審理の遅延を回避し、当事者間の公平を図るために、裁判所は欠席者や本案の弁論をしない者の提出した訴状または答弁書その他の準備書面に記載した事項を陳述したものとみなし、出頭した相手方に弁論をさせることができます。

直接主義

直接主義とは、判決をする裁判官が自ら弁論を聞きかつ証拠調べにあたる建前をいいます。民事訴訟法では、直接主義を基本としています。

直接主義の採用は、他の裁判官のもとで収集された訴訟資料に基づき判断するよりも、自ら直接見聞した訴訟資料で事実認定にあたる方が、より正確に事案の真相を把握できるとの政策的考慮に基づくものです。

直接主義は、口頭主義と混同しがちですが、両概念は異なります。すなわち、口頭の陳述であっても、それが受訴裁判所以外の者に対してなされる場

合には、間接主義による審理となります。これに対して書面上の陳述等であっても、受訴裁判所が自らこれを受けとる場合には直接主義の審理ということになります。

直接主義の後退

直接主義を厳格に貫くと、裁判官が交代する度に最初から裁判をやり直すことになりますが、これでは余りに無駄が多く合理的ではありません。そこで、法は、一定の場合に、直接主義の要請を後退させています。

（1）弁論の更新

裁判官が代わった場合には、当事者は、従前の口頭弁論の結果を陳述しなければなりません。これを弁論の更新といいます。なお、単独の裁判官が代わった場合または合議体の裁判官の過半数が代わった場合において、その前に尋問をした証人について、当事者がさらに尋問の申出をしたときは、裁判所は、その証人尋問をやり直さなければなりません。

（2）受命裁判官または受託裁判官による証拠調べ

受訴裁判所の法廷内で証拠調べを実施することが不能または困難な場合に、例外的に受命裁判官または受託裁判官等によって証拠調べを行う手続です。その結果は、後日受訴裁判所の弁論に上程されます。受命裁判官というのは、合議体において、裁判長の命を受けて、一定の事項の処理に当たる1人の裁判官のことです。受託裁判官というのは、ある裁判所から嘱託された事項について、その処理に当たる他の裁判所の裁判官のことです。

ポイント

【書面による口頭主義の補完と直接主義の後退】

書面により口頭主義を補完する場合	直接主義の後退
・訴えの提起 ・請求の追加 ・準備書面	・弁論の更新 ・受命裁判官・受託裁判官による　証拠調べ

ミニテスト

1　訴えの提起は、必ず書面でしなければならない。
2　裁判官が代わった場合には、当事者は、従前の口頭弁論の結果を陳述しなければならない。

解答　1　×　簡易裁判所においては口頭による訴えの提起も可能です（271条）。
　　　　 2　○　249条2項。

036 提訴前の資料収集

訴える前に訴訟資料を収集して見通しを立てておきます

Q 提訴前に資料を収集するにはどうするの？

A 相手方に照会したり、裁判所に収集処分をしてもらうんだよ。

弁護士照会制度

弁護士照会制度とは、弁護士が、必要な情報を所属弁護士会を通じて公務所または公私の団体に報告を求める制度です（弁護士法23条の2）。

なお、**弁護士会**は、弁護士の申出が適当でないと認めるときは、これを拒絶することができます。また、報告を求められた相手方は、拒絶しても、それに対して過料等の制裁を加えられるわけではありません。

```
所属弁護士
    ↓
弁護士会
照会 ↓    ↑ 回答
公務所または公私の団体
```

提訴前の訴訟——資料の収集

（1）提訴予告通知

訴えを提起しようとする者が訴えの被告となるべき者に対し、訴えの提起を予告する通知を書面でした場合、これにより、提訴前訴訟法律関係が発生

することになります。

その内容は、通知者・被通知者ともに、予告通知の日から4月以内に限り、①相手方に対し**提訴前照会**をすることができ、②裁判所に証拠収集処分の申立てをすることができることです。

提訴予告通知を受けた者（被通知者）は、これに対する返答を義務づけられてはいませんが、返答をしなければ、被通知者は提訴前照会および証拠収集処分の申立てをすることができなくなります。

（2）提訴前照会

通知者は、予告通知をした日から4月以内に限り、被通知者に対して、一部の例外はあるものの「訴えを提起した場合の主張又は立証を準備するために必要であることが明らかな事項について、相当の期間を定めて、書面で回答するよう、書面で照会をする」ことができます。

（3）裁判所による証拠収集処分

提訴予告通知をした者は、**裁判所による証拠収集処分**を利用することができます。

通知者および返答をした被通知者は、「予告通知に係る訴えが提起された場合の立証に必要であることが明らかな証拠となるべきもの」であって、かつ「これを自ら収集することが困難であること」が認められる場合、次の証拠収集処分を申し立てることができます（132条の4）。

1号処分（文書の送付嘱託）
2号処分（調査の嘱託）
3号処分（専門家の意見陳述の嘱託）
4号処分（執行官による調査）

証拠収集の申立ては、提訴予告通知がされた日から4月の不変期間内にしなければなりません。**不変期間**とは裁判所が自由に変更することのできない期間のことです。ただし、相手方の同意があれば、4月の不変期間後でも申立てができます。

処分の申立てについての裁判に対しては、不服申立ては許されません。

ポイント

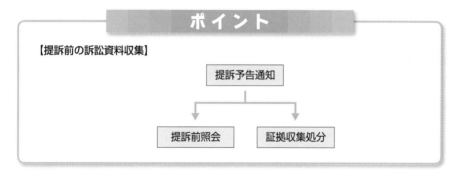

【提訴前の訴訟資料収集】

提訴予告通知

提訴前照会　　証拠収集処分

ミニテスト

1　提訴予告通知を受けた者は、返答をする義務があり、返答をしなかった場合には、裁判所による証拠収集処分という制度を利用することができない。
2　提訴予告通知をした者が裁判所による証拠収集処分を利用するには、通知がされた日から4月内に申し立てなければならない。

解答　1　× 被通知者に返答の義務はありませんが、返答しなければ提訴前照会や裁判所による証拠収集処分制度を利用できません。
　　　　2　○ 132条の4第2項。

037 争点整理手続

口頭弁論を迅速に進める制度です

Q 争点整理手続にはどのようなものがあるの？

A 準備的口頭弁論・弁論準備手続・書面による準備手続の3タイプがあるよ。

争点整理の必要性

民事訴訟法は、争点に的を絞った効率的な証拠調べを集中的に行うために、「争点及び証拠の整理手続」として、3タイプの制度を設けています。①準備的口頭弁論（公開型）、②弁論準備手続（非公開型）、③書面による準備手続（期日外型）がそれです。これら3タイプの制度がある理由は、事件の多種多様性に応じて裁判所が手続の選択をすることを可能にするためです。

手続を開始するにあたり、準備的口頭弁論の場合は当事者の意見を聴く必要がないのに対し、弁論準備手続および書面による準備手続については、当事者の意見を聴くことが必要です。

準備的口頭弁論

準備的口頭弁論とは、争点・証拠の整理を行うことを目的とする口頭弁論をいいます。

準備的口頭弁論は、あくまで口頭弁論ですので、公開の法廷で行われるほか、口頭弁論の諸原則が適用されます。さらに、争点・証拠の整理に必要

な限りにおいて、あらゆる行為をすることができます。

準備的口頭弁論は、公害事件等社会的関心が高い事件や、当事者や関係者が多数いる事件等、公開の法廷で争点・証拠の整理を行う必要がある場合にふさわしい手続です。

弁論準備手続

弁論準備手続とは、法廷外の裁判官室、準備室、和解室等で行う争点・証拠の整理手続をいいます。

弁論準備手続は口頭弁論ではありませんが、証拠の申出に関する裁判や、文書の証拠調べを行うことができます。これらは、争点・証拠の整理と密接に関連するからです。弁論準備手続は、法廷外で行われるため、当事者の率直な意見交換を期待でき、柔軟かつ弾力的な争点・証拠の整理を可能とするものです。また先述のように、文書の証拠調べを行うことができるとされ、実効性についても配慮されており、裁判所が関与する争点・証拠の整理手続の中心をなすものといえます。

弁論準備手続は、法廷外の和解室等で行われますが、当事者の立会権が保障されています。その他、裁判所が相当と認める者、および当事者が申し出た者の傍聴も許されます。

書面による準備手続

書面による準備手続とは、準備書面の提出等により争点・証拠の整理をする手続をいいます。書面による準備手続では、当事者が法廷に出頭することが予定されていないことから、当事者の手続保障を考慮して、裁判や証拠調べをすることはできません。また、公開も予定されていません。書面による準備手続は、当事者が遠隔地に居住している場合等にも争点・証拠の整理を可能とするものです。

まとめ

3タイプの制度は、いずれも争点・証拠の整理を目的としていますから、手続が終了すると、裁判所は当事者との間で、証拠調べにより証明すべき事実の確認を行う必要があります。また、手続終了後に攻撃防御方法を提出しようとする当事者は、相手方の求めに応じて、手続終了前に提出できなかった理由の説明義務を負います。これらは、手続の成果を明確にし、かつ、争点・証拠の整理手続の実効性を確保するためです。

ポイント

【争点整理手続】

	準備的口頭弁論	弁論準備手続	書面による準備手続
開始	―	当事者の意見聴取が必要	
場所	法廷	法廷外（裁判官室など）	―
手続	公開	関係者公開	非公開
訴訟行為	口頭弁論で行いうることは、争点整理に関するものであればすべて可能	争点・証拠の整理 証拠申出に対する裁判 文書の証拠調べ	準備書面提出

1 　弁論準備手続は、一般に公開される必要がある。
2 　裁判所は準備的口頭弁論を開始するには当事者の意見を聴かなければならない。

解答　1　× 弁論準備手続は口頭弁論ではなく、この手続に一般公開の要請はありません。

　　　　2　× 準備的口頭弁論では争点・証拠の整理に必要な一切の行為をなし得るので、特に当事者の意見を聴く必要があるものとはされていません。

038 準備書面

書面であらかじめ予告しておきます

Q 準備書面って何なの？

A 口頭弁論において陳述しようとする内容を記載した書面のことだよ。

準備書面の意味

充実した審理を実施するためには、当事者による争点整理に向けられた準備と、裁判所による争点の明確な把握が必要です。

当事者の弁論は、通常、準備書面に基づいてなされます。準備書面とは、当事者が口頭弁論において陳述しようとする事項を記載して裁判所へ提出するとともに相手方に送付する書面をいいます。被告・被上訴人の最初の準備書面を答弁書といいます。

準備書面の記載事項

準備書面には、各当事者が口頭弁論において主張しようとする事実を記載します。事実についての主張の記載は、できる限り、請求を理由づける事実、抗弁事実または再抗弁事実についての主張とこれらに関連する事実についての主張とを区別して記載しなければなりませんし、立証を要する事由ごとに、証拠を記載しなければなりません。また、準備書面において相手方の主張する事実を否認する場合には、その理由を記載しなければなりません。

訴状には、必要的記載事項（016参照）のみならず、請求を理由づける事実も記載すべきとされており、請求を理由づける事実が記載された訴状はその範囲で準備書面の性格を有することになります。

準備書面の送付

準備書面は、相手方が準備をなすのに必要な期間をおいて、裁判所に提出するとともに、作成者が相手方に直送します。

準備書面の直送を受けた相手方は、当該準備書面を受領した旨を記載した書面（受領書）を直送するとともに、当該受領書を裁判所に提出しなければなりません。もっとも、当事者が、受領した旨を相手方が記載した準備書面を裁判所に提出した場合には、相手方は受領書を裁判所に提出しないですみます。

準備書面により、争点と両当事者の立証方法が明らかになり、裁判所および両当事者は、口頭弁論に向けて適切な準備をすることが可能となり、その結果、審理が充実・促進されることに

なります。

■準備書面提出・不提出の効果■

　準備書面の提出には、次の効果が結び付けられており、これにより準備書面の提出が促進されます。

（1）不記載・不提出の効果

　相手方が在廷していない口頭弁論においては、原則として新たな主張をすることはできません。その一方で相手方が出廷した場合には、準備書面に記載のない事項でも主張することができます。

（2）記載・提出の効果

　相手方が欠席しても、その記載事項を主張することができます。最初にすべき口頭弁論の期日に欠席しても、記載事項は陳述したものと見なされます。この取扱いを記載事項の陳述擬制といいます（**042**参照）。

第4編 訴訟の審理

ポイント

【準備書面】
準備書面不記載・不提出の効果
❶相手方欠席→新主張不可
❷相手方出廷→新主張可

準備書面記載・提出の効果
❶最初にすべき口頭弁論期日に欠席
　　　→記載事項の陳述擬制
❷相手方欠席→記載事項主張可

 ミニテスト

1　口頭弁論は、書面で準備しなければならない。
2　準備書面に記載していない事項は、相手方が在廷していない場合には、口頭弁論で主張することができない。

解答　1 ○ 161条1項。
　　　　 2 ○ 161条3項。

039 職権進行主義

訴訟の審理は裁判所が中心になって進めます

Q 職権進行主義って何なの？
A 裁判所が訴訟の進行を指揮するってことだよ。

訴訟進行の主導権

訴訟の進行について、当事者に主導権があるという考えを当事者進行主義、裁判所に主導権があるという考えを職権進行主義といいます。わが国の民事訴訟法は、裁判所に訴訟指揮権を付与していることから、職権進行主義を基本的に採用しているといえます。訴訟指揮権とは、訴訟手続を主宰していく権能のことです。

訴訟指揮権の主体

訴訟指揮権の主体は、原則として裁判所です。弁論や証拠調べの指揮は、合議体審理のときは、主に裁判長が行うものとされています。これは、裁判長が合議体としての裁判所を代表して発言するという意味です。したがって、その裁判長の指揮に対して、当事者から異議が出されたときは、裁判所がこれを「決定」で裁判することになります。また訴訟指揮権は、裁判長が合議体から独立してもつ場合があります。

訴訟指揮権の内容

合議体の代表者としての裁判長が、期日の主宰者として、口頭弁論を指揮することの他に、訴訟指揮権の内容としては、次のようなものがあります。
（1）手続の進行に関しては、期日の指定・変更、期間の短縮、訴訟手続の中止、中断した訴訟の進行などがあります。
（2）審理を整理するために、民事訴訟法は、裁判所に、弁論の制限・分離・併合をなしうる権限を訴訟指揮権の内容として付与しました。この他に、時機に後れた攻撃防御方法の却下等も、審理を整理し促進する働きをもちます。訴訟関係を明瞭にする処置として、釈明権や釈明処分も認められています。

訴訟指揮権の性質

訴訟指揮は、口頭弁論の指揮のように事実行為として行われるものもありますが、多くは、裁判（074参照）という形式をもってなされます。訴訟指揮が裁判所によってなされるものであれば「決定」、裁判長や受命裁判官・

受託裁判官によってなされるものであれば「命令」です（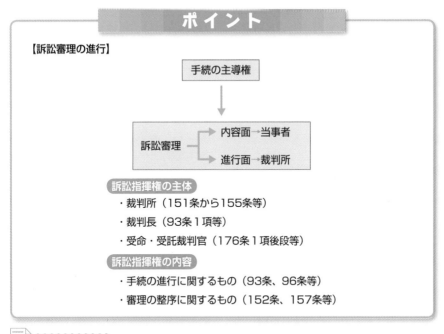074参照）。なお、本来、裁判の取消しは所定の方法ですることが必要ですが、訴訟指揮の裁判は、弾力的になされる必要がありますので、いつでも、これを取り消すことができます。

訴訟進行に関する当事者の申立権

訴訟審理の進行は、裁判所の職権に属する事項であり、かつ裁判所の職責です。したがって当事者には、原則として訴訟進行に関して申立権は認められていません。ただし、一定の場合には、当事者に申立権が認められています。例えば、攻撃防御方法の却下、中断後の受継の場合などです。

訴訟指揮権に対する当事者の関与

民事訴訟法は、一定の場合に訴訟指揮権の制約を認めています。同時審判申出訴訟における申出は、裁判所による弁論の分離を制約するものです。

ポイント

【訴訟審理の進行】

手続の主導権

↓

訴訟審理 → 内容面→当事者
　　　　 → 進行面→裁判所

訴訟指揮権の主体
・裁判所（151条から155条等）
・裁判長（93条1項等）
・受命・受託裁判官（176条1項後段等）

訴訟指揮権の内容
・手続の進行に関するもの（93条、96条等）
・審理の整序に関するもの（152条、157条等）

ミニテスト

1　訴訟指揮権は、原則として裁判長が有する。
2　訴訟指揮は、決定または命令でのみすることができる。

解答　1　×　原則として裁判所が有します。
　　　　　2　×　訴訟指揮が事実行為としてなされる場合もあります。

040 期日・期間

時間的な規制のことをお話しします

> **Q** 期日とは何なの？
>
> **A** 当事者や訴訟関係者が集まって訴訟行為をなすべきものとして決められた時間だよ。

期日・期間という概念の必要性

民事訴訟手続は、当事者と裁判所の様々な訴訟行為が積み重ねられて進められていきますが、それらの訴訟行為が無秩序になされたのでは審理が混乱し事案の解明が困難になるばかりか、時間・労力・費用も無駄になってしまいます。このような無駄を回避しつつ、適正かつ迅速な裁判を実現するための時間的な規制が期日や期間という概念です。

期日とその指定

期日とは、当事者やその他の訴訟関係人が集まって訴訟行為をなすべきものと定められた時間をいいます。

期日の指定は、申立てによりまたは職権で、裁判長が指定します。

期日は、やむを得ない場合のほかは、日曜日その他一般の休日（国民の祝日に関する法律参照）に指定することはできません。

期日の変更

期日の変更は、「顕著な事由がある場合に限り」許されています。期日の変更を簡単に許すと、訴訟の遅延が生じてしまうおそれがあるからです。顕著な事由の例としては、当事者や代理人の急病等が考えられます。ただし、「最初の期日」の変更は「当事者の合意がある場合」にも許されています。

さらに、弁論準備手続を経た口頭弁論の期日の変更は、やむを得ない事由がある場合でなければ認められていません。弁論準備手続を経た場合には、集中証拠調べといって、証拠調べを短期間に集中して行うことが予定されており、その集中証拠調べを予定どおり行う必要があることから、変更を厳しく制限しようとする趣旨です。

期　　　間

期間とは、訴訟法上意味をもつ一定の継続的な時間です。

行為期間と猶予期間

（1）行為期間

手続の進行を迅速にするために、一定の行為をその期間内にさせる趣旨の

期間です。行為期間には、裁判所の行為につき設けられた職務期間と、当事者その他の訴訟関係人の行為につき設けられた固有期間があります。固有期間を徒過（行為をしないまま期間を過ぎること）すると当事者が不利益を受けますが、裁判所の職務期間は原則として訓示的な意味を有するにとどまります。

（2）猶予期間

当事者その他の関係人に一定の行為をするか否かを考慮させ、行為の機会を保障する趣旨で設けられる期間です。

法定期間と裁定期間

期間の長さが法律で定められているものを法定期間といい、期間の長さを裁判所が場合に応じて決めるものを裁定期間といいます。

不変期間と通常期間

法定期間のうち、法律が特に不変期間としているものがあります。不変期間は、これを伸張することはできません。たとえば、不服申立期間は不変期間です。ただし、当事者の責めに帰すことができない事由によってこれを徒過した場合には、「追完」が認められています。追完とは、当事者がその責めに帰すことのできない事由によって不変期間を守ることができなかったときは、その事由が消滅した後1週間以内に限り、その不変期間内にすべきであった訴訟行為をすることです。ちなみに不変期間以外のものは通常期間といいます。

ポイント

【期日の変更】

弁論準備手続を経ない場合

最初の期日

❶当事者の合意がある場合
❷顕著な事由がある場合

続行期日

顕著な事由がある場合

弁論準備手続を経た場合

やむを得ない事由がある場合

ミニテスト

1　弁論準備手続を経た場合、期日の変更は認められない。
2　弁論準備手続を経ない場合、当事者の合意があれば、期日の変更は認められる。

解答　1　× やむを得ない事由があれば変更は認められます。
　　　　2　× 当事者の合意で期日の変更が認められるのは最初の期日です。

041 訴訟手続の停止

訴訟手続が進行しない状態です

> **Q** もし訴訟手続が停止したら、進行させるにはどうすればいいの？
>
> **A** 裁判所が職権で命令するけど、受継の申立てをしてもいいんだよ。

■ 訴訟手続の停止の意味

訴訟手続の停止とは、訴訟の係属中に、その訴訟手続が法律上進行できない状態になることをいいます。単に裁判所や当事者が訴訟の進行を図らないために事実上手続が停滞している場合とは異なります。

訴訟手続の停止には中断と中止があります。

■ 中 断

訴訟手続の中断とは、法定の中断事由が発生することにより、当然に訴訟手続が停止する場合をいいます。中断事由を裁判所や当事者が知ると否とにかかわりません。

中断事由には、①当事者の死亡、②法人の合併による消滅、③当事者の訴訟能力の喪失、④法定代理人の死亡・法定代理人の代理権の消滅、⑤代表者の代表権の喪失、⑥受託者の信託任務の終了、⑦訴訟担当資格の喪失等があります。ただし、①〜⑦に該当する場合であっても、当事者が委任した訴訟代理人がいるときには、訴訟は中断しません。

このような取扱いがなされるのは、訴訟代理人が原則として弁護士であることから訴訟手続を中断させなくても当事者の保護に欠けるところがないからです。訴訟代理権は当事者の死亡等で消滅しないので、訴訟代理人は新当事者（相続人など）のために代理人となるのです。

■ 中断の解消

中断は、当事者の受継申立てまたは職権による続行命令によって解消され、訴訟手続の進行が再開されます。

受継申立てとは、訴訟追行者が行う、中断した手続に関しての続行の申立てです。受継申立権者は、中断事由ある当事者側の新追行者および相手方です。新追行者は、各中断事由ごとに法定されています。

受継の申立てがあると、裁判所は、この申立てを相手方に通知しなければなりません。それとともに、受継の要件や申立人の適格などを職権で調査します。

受継の申立てを認めない場合には、決定で申立てを却下します。受継の申

立てを認める場合には、裁判所は、明示的に受継決定をする必要はなく、新期日を指定して訴訟手続を再開します。

当事者双方が受継申立てを怠る場合には、職権で、訴訟手続の続行を命ずる決定をして、中断を解消させ、その進行を図ることができます。

中　　止

民事訴訟法が定める中止には、**当然中止**と**裁定中止**があります。当然中止は、天災その他で裁判所が職務を行うことができない場合に、当然に訴訟手続が中止されることをいいます。裁定中止は、当事者側に訴訟追行について不定期間の故障がある場合（たとえば地震のために交通手段が途絶したり、当事者が突然精神の病にかかった等）に、申立てまたは職権により、裁判所の決定で訴訟手続が中止されることをいいます。

訴訟手続停止の効果

なお、判決の言渡しは、訴訟手続の中断中であってもすることができます。口頭弁論終結後に中断が生じたときは、もはや当事者の関与を必要としませんし、できるだけ早く判決を言い渡すべきだからです。訴訟手続の中断・中止があれば、期間は進行を停止し、訴訟手続の受継の通知またはその続行の時から、あらためて全期間の進行を始めます。

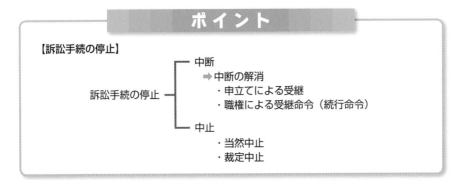

ポイント

【訴訟手続の停止】

訴訟手続の停止
- 中断
  - ➡ 中断の解消
    - ・申立てによる受継
    - ・職権による受継命令（続行命令）
- 中止
  - ・当然中止
  - ・裁定中止

ミニテスト

1　判決の言渡しは、訴訟手続の中断中でもすることができる。
2　会社の代表者がその代表権を喪失した場合でも、その者が訴訟において会社を代表する者でないときは、訴訟手続は中断しない。

解答　1　○　132条1項。
　　　　2　○　37条、124条1項3号。

042 当事者一方の欠席

口頭弁論期日に当事者の一方が欠席した場合の対策です

Q 欠席って、どういう意味なの。

A 単に期日に出頭しないことだけではなく、出頭したけれども本案の弁論をしないことも意味するんだよ。

欠席対策の必要性

口頭弁論の期日が指定されたにもかかわらず、当事者が口頭弁論に欠席した場合、その後の手続はどうなるでしょうか。

口頭弁論の基本原則である双方審尋主義、口頭主義を厳格に適用すると、口頭弁論期日に、当事者の一方あるいは双方が欠席した場合、訴訟手続を進行することができないことになり、期日が無駄になってしまいます。

当事者の一方が出席したのであれば、その当事者が訴訟の準備に費やした時間や労力や費用が無駄になってしまいます。また、裁判所の訴訟運営コストも見逃すことはできません。そして何よりも、訴訟が遅延してしまいます。

そこで、民事訴訟法は当事者の一方が欠席した場合と、双方が欠席した場合に分けて対応を図っています。

なお、ここでいう口頭弁論期日とは、必要的口頭弁論の期日であり、書面審理の補充的意味をもつとされる任意的口頭弁論（033 参照）の期日を含みません。

当事者の一方の欠席

（1）法律は、「最初にすべき口頭弁論の期日」に当事者の一方が欠席したとしても、事前に提出してある訴状または答弁書その他の準備書面に記載した事項を陳述したものとみなす旨を規定しています（158条）。これを 陳述擬制 といいます。

ここで注意すべきことは、あくまでも「最初にすべき」口頭弁論期日であるということです。ですから、第1回口頭弁論期日が、職権で延期されたときは、その延期された期日が「最初にすべき」期日となるのであって、形式的、機械的に「第1回口頭弁論期日」と覚えてはならないということです。

また、「欠席」とは、出頭しないこと、または、出頭しても当事者が本案について弁論をしないことをいいます。

原告が欠席したことで審理を進めることができなくなるとすれば訴訟経済に反しますので、口頭主義の例外を認めて、訴訟審理の進行を可能にしようというのが、陳述擬制の趣旨です。

このように原告について陳述擬制をするのであれば、被告に対しても答弁書の陳述擬制を認めることで、公平を図っています。

では、陳述擬制により審理が開始されたとして、その後はどうなるでしょうか。

訴訟の審理は、出頭した当事者が現実に弁論したところと、欠席当事者が提出していた書面の記載内容を突き合わせて、進行していきます。

欠席者が、その書面において、相手方の主張事実について、これを認めていれば裁判上の自白が成立しますし、争っていれば否認ということになります。

自白とは、相手の主張する事実を認めることです。否認というのは、相手方の主張する事実を否定することです。このようにして、訴訟の審理が進行していきます。

（2）しかし、続行期日においては、民事訴訟法158条は適用されません。口頭主義というのは、民事訴訟法の重要な原則である以上、そのような原則に対する例外は、訴訟を立ち上げるために、最初になすべき期日について認めれば十分であるからです。もし続行期日についてまで陳述擬制を認めるとなれば、口頭主義が骨抜きになってしまいます。

ただし、簡易裁判所においては、訴訟経済を考慮して、続行期日についても陳述擬制が認められています。

ポイント

【当事者の一方の欠席】

最初になすべき口頭弁論の期日

→陳述擬制あり

続行期日

→陳述擬制なし

ミニテスト

1　最初になすべき口頭弁論期日に、原告が欠席した場合、訴訟は終了する。

2　口頭弁論の続行期日において原告が欠席した場合には、訴訟が簡易裁判所に係属する場合であっても陳述擬制は認められない。

解答　1　× 陳述擬制によって、訴訟審理の進行が可能になるから、訴訟が終了するわけではありません（158条）。

2　× 簡易裁判所においては、続行期日についても陳述擬制が認められています（277条）。

043 当事者双方の欠席

双方が欠席した場合の対策です

Q 口頭弁論に当事者双方が欠席した場合はどうなるの？

A 訴えの取下げが擬制されたり、判決によって訴訟が終わることがあるんだよ。

当事者双方が欠席した場合

当事者双方が口頭弁論期日に欠席した場合、その期日が弁論を予定した日であれば、弁論はできませんから期日は無駄になります。ただし、当事者双方が欠席した場合であっても、その日が証拠調べを予定していた日であれば証拠調べはできますし、判決を言い渡す日であれば、判決を言い渡すことはできます。証拠調べと判決の言渡しは、裁判所だけで行うことができるからです。

このように当事者双方が期日に欠席した場合には、証拠調べと判決の言渡しをする場合でなければ、手続を進めることができません。その結果、訴訟手続は遅延しますから、特別の対策をする必要があります。民事訴訟法は、①訴え取下げの擬制と②審理の現状に基づく判決という2つの制度を用意しています。

訴え取下げの擬制

法律は、当事者双方が、口頭弁論もしくは弁論準備手続の期日に欠席した場合について、訴えの取下げの擬制を規定しています（263条）。すなわち、当事者双方が、

①口頭弁論もしくは弁論準備手続の期日に欠席して、1月以内に期日指定の申立てをしないとき

②続けて2回口頭弁論もしくは弁論準備手続の期日に欠席したとき

に訴えの取下げが擬制されるということになります。

なお、訴えの取下げの擬制とは、原告が訴えを取り下げていないのに、法律によって訴えを取り下げたことにしてしまうということです。

審理の現状に基づく判決

また、法律は、「当事者の双方又は一方が口頭弁論の期日に」欠席した場合における審理の現状に基づく判決の制度を定めています（244条）。

この制度は、実際には裁判所が事件の実体を十分に解明していないのにもかかわらず、当事者の訴訟追行が期待できないことから判決ができるとしたものだということができます。

訴えの取下げの擬制により、訴訟を終わらせた場合には、再度の訴えを遮断することができません（263条）。訴えの取下げというのは、訴訟の係属を遡及的に消滅させて、訴えがなかったことにする制度だからです。

そこで、このような形の訴訟の終わらせ方ではなく、再訴を封じる効果をもつ判決で訴訟を終わらせようとするのが「審理の現状に基づく判決」の制度なのです。そして、この制度は、一方当事者が出席している場合をも予定した制度ですから、出席した当事者の利益を考慮して「当事者の一方が口頭弁論の期日に出頭せず、又は弁論をしないで退廷をした場合」には、出席した当事者の申出があるときに、審理の現状に基づく判決ができるものとしています。

ポイント

【当事者双方が欠席した場合】
❶訴えの取下げの擬制
→期日に欠席して、1月以内に期日指定の申立てをしないとき
→続けて2回期日に欠席したとき
❷審理の現状に基づく判決
→当事者双方が欠席したとき
→当事者の一方が欠席したとき（出席当事者の申出が必要）

ミニテスト

1　当事者の双方が、連続して2回口頭弁論期日に出頭しないときは、訴えの取下げがあったものとみなされる。

2　当事者の双方が口頭弁論期日に出頭せず、または弁論をしないで退廷をした場合には、当事者双方に訴訟追行の意思がないことが明らかであるから、直ちに終局判決をすることができる。

解答　1　○　263条後段。
　　　2　×　「審理の現状及び当事者の訴訟追行の状況を考慮して相当と認めるとき」に終局判決をすることができます。

044 主要事実と間接事実

民事訴訟法には３種類の「事実」があります

Q 主要事実はどういう基準で判断するの？

A 法律効果の発生・変動・消滅に直接必要か否かという基準だよ。

当事者が主張する事実

訴訟の審理は、原告の被告に対する一定の権利関係の主張の当否の判断を中心に行われます。一定の権利関係の主張の当否は、一定の権利が存在しているのかどうかを判断することによって決めます。では、その一定の権利の存否をどのように判断するのでしょうか。権利は目で見ることができるものではなく、観念的・抽象的な存在にすぎませんから、権利を直接認識することはできません。

権利の存否の判断は、その権利の発生、障害、消滅、阻止という法律効果を生じさせる事実を判断することによって行うことになります。

原告と被告は、このような事実を主張し、争うこととなります。

事実の種類

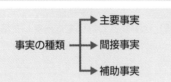

当事者が主張する事実は、通常、主要事実・間接事実・補助事実の３つに分類されます。

主要事実とは、権利の発生・変更・消滅という法律効果の判断に直接必要な事実をいいます。

たとえば、次のようなケースを考えてみてください。

> XがYに対して1000万円貸し付けたとして、約束の期限が来たのにYがお金を返してくれないので、XがYに対してその返還請求を行った。

貸金返還請求訴訟において、訴訟物は消費貸借契約に基づく貸金返還請求権です。民法587条によれば、消費貸借は、「当事者の一方が種類、品質及び数量の同じ物をもって返還をすることを約して相手方から金銭その他の物を受け取ることによって、その効力を生じ」ますから、この貸金返還請求権の発生を基礎づける主要事実は、①金銭の交付と②返還の約束です。

主要事実は、「いつ・どこで・誰が・どのような理由で・何を・どのようにした」という形で述べられる具体的事実であるのが基本です。先の例でいえば、XがYに対して、○年○月○

日に1000万円を貸し付けたと主張するということです。「貸し付けた」という表現は、①金銭の交付と②返還の約束の両事実があったことを示す用語です。

　間接事実とは、主要事実の存否を推認するのに役立つ事実をいいます。推認に際しては、種々の法則（論理法則や経験則）が用いられます。

　やはり先の例でいえば、たとえば、「契約が成立したとされる○年○月○日の直前の頃には、Ｙは金策に奔走していて、生活にも困窮していたが、同日を境にしてＹは金回りがよくなり高級車を購入していた」といった事実を間接事実といいます。この間接事実から主要事実である金銭の交付があったことを推認するのです。これはお金に困っていた人が、急に金回りがよくなって高級車を購入したのであれば何らかの金銭収入があったという可能性が高いという経験則が働きますので、その経験則を用いたのです。

　補助事実とは、証拠の証明力に影響を与える事実です。

　先の間接事実での、証人の証言（供述）の信用性を吟味するにあたり、証人が当事者の一方と特別の利害関係を有するという事実です。このような事実があれば、証人の証言の信用性は低いと判断され、証言の証明力は低下します。

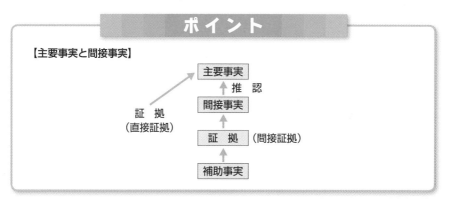

ポイント

【主要事実と間接事実】

主要事実
↑推　認
間接事実
↑
証　拠　（間接証拠）
↑
補助事実

証　拠
（直接証拠）

ミニテスト

1　証拠の信用性に影響を与える事実はどれか。
　　ア　主要事実　　イ　間接事実　　ウ　補助事実
2　主要事実とは、権利の発生・変更・消滅という法律効果の判断に直接必要な事実をいう。

解答　１　ウ
　　　　２　○

045 本案の申立てと攻撃防御方法の提出

当事者の訴訟行為の内容です

> **Q** 口頭弁論において当事者はどのような訴訟行為をするの？
>
> **A** 本案の申立てと攻撃防御方法の提出だよ。

当事者の訴訟行為

当事者の訴訟行為は、本案のレベルにおける訴訟行為と、攻撃防御方法の提出のレベルにおける訴訟行為に区別することができます。

本案の申立て（本案のレベル）

口頭弁論では、まず原告が訴状に基づいて「請求の趣旨」の陳述をします。たとえば、「被告は原告に1000万円を支払え」との判決を求めるといいます。これが本案の申立てです。被告は、答弁書に基づいて、原告の申立てに対する答弁を行います。被告は、通常、請求棄却の判決あるいは訴え却下の判決を求めます。

本案の申立てによって、訴訟の主題・攻撃防御の目標が提示されます。この本案のレベルで、被告が原告の請求を認めてしまう場合を「請求の認諾」といい、請求の認諾があれば、訴訟は終了します。

攻撃防御方法の提出（攻撃防御方法のレベル）

これに対して、被告が「請求棄却」を求めたときには、原告としては、本案の申立ての根拠を裁判所に明らかにする必要があります。この段階から攻撃防御方法の場面になります。

（1）まず、**法律上の主張**です。法律上の主張とは、法適用の結果としての権利関係の存否の主張です。原告は被告に「1000万円の貸金返還請求権」を有しているので、これに基づいた判決を求めるという趣旨の陳述のことです。

（2）さらに、原告としては、自分に1000万円の貸金返還請求権があるというために、その権利を基礎づける法律要件に該当する事実を主張することが必要となります。これを**事実上の主張**といいます。請求の棄却を求める被告は、原告の主張する権利が原告に存在しない旨を主張することが必要になります。そのために、被告としては、原告同様に法律上の主張と事実上の主張をする必要があります。

事実上の主張に対して、相手方当事者の示す態度として、①**否認**、②**不知**、③**沈黙**、④**自白**の4つがあります。

否認とは、相手方の主張する事実の存在を争うことであり、**不知**とは、相

手方の主張する事実は知らないと述べることです。不知の場合には、その事実を争ったものと推定されます。

これに対して、自白とは、相手方の主張する事実の存在を認めて争わないことであり、沈黙とは相手方の主張する事実について明確な態度を示さないことです。自白された事実は、証拠調べの対象から除外されます。これは弁論主義の内容の１つです（050参照）。

沈黙の場合は、弁論の全趣旨により事実の存否を争ったものと認められない限り、自白したものとみなされます。これを擬制自白（052参照）いいます。

したがって、証拠調べの対象となる事実は、否認された事実と不知とされた事実ということになります。

（３）当事者間に争いのある事実は証拠によって証明しなければなりません（056参照）。争いのある事実を証明するための活動を立証といいます。当事者間に争いのある事実を証明するために、当事者は証拠の申出を行い、証拠調べを求めることとなります。

ポイント

【当事者の訴訟行為】

本案の申立て（訴訟物）

↑

攻撃防御方法の提出

＝

・法律上の主張
・事実上の主張
・立証（証拠）

ミニテスト

1　次の被告の態度について、１つだけ訴訟行為としての次元が異なるものがあるが、それはどれか。
　　ア　請求の認諾　　イ　否認　　ウ　不知　　エ　沈黙　　オ　自白
2　相手方の主張した事実を知らない旨の陳述をした当事者は、その事実を争わないものと推定される。

解答　1　ア　請求の認諾は本案のレベルでなされる訴訟行為で、あとの４つは、攻撃防御方法のレベルにおける訴訟行為です。
　　　　2　×　相手方の主張する事実を知らないと述べること（不知）は、その事実を争ったものと推定されます。

046 当事者の訴訟行為

訴訟手続を構成する当事者の行為をいいます

> **Q** 正式に依頼する前に弁護士が勝手に訴訟行為をしてしまった場合、その訴訟行為は有効なの？
>
> **A** 原則として無効だが、当事者が依頼した後に追認すれば有効になるんだ。

訴訟行為という概念

　民事訴訟法には、訴訟行為という概念についての定義規定が置かれているわけではありません。ですから、訴訟行為という概念について、どのように理解するかは理論の問題となります。

　訴訟手続は、裁判による紛争解決を目標としてなされる裁判所と当事者その他の関係人の行う行為が積み重ねられて進行していきます。この訴訟手続を構成する訴訟主体の行為を訴訟行為といいます。

　訴訟行為は、裁判所の訴訟行為と当事者その他の関係人の訴訟行為とに区別することができ、裁判所の訴訟行為として代表的なものには、裁判や訴訟指揮権の行使などがあります。

当事者の訴訟行為の分類

　これに対して、当事者の訴訟行為は、種々の分類が可能です。たとえば、先述（046参照）した「本案の申立て」と「攻撃防御方法の提出行為」という分類は、当事者の訴訟行為を行為の目的から分類しています。

　その他、当事者の訴訟行為は、行為の性質による分類や行為の機能による分類を行うことができます。

訴訟行為の瑕疵

　訴訟行為に瑕疵があれば、その訴訟行為は無効です。しかし、訴訟行為が積み重ねられた後に無効とされれば、それまでの手続が覆されて著しく手続の安定が害されます。

　そこで、このような事態を回避するために、瑕疵に対する手当てが必要になってきます。瑕疵ある訴訟行為の手当てとしては、以下のものがあります。

（1）瑕疵の補正

　訴訟行為に必要な能力が欠けていた場合や代理権が欠缺していた場合には追認という手当てがあります。追認されると、代理権の欠缺等の瑕疵がなかったものとなり、しかも瑕疵ある訴訟行為は遡及的に有効となります。

　これに対し、撤回を許す当事者の訴訟行為であれば、瑕疵のある訴訟行為を撤回して瑕疵のない訴訟行為をすれば済みます。ただし、この場合は瑕疵

が遡って治癒されるのではなく、従来の訴訟行為は無効であり、新たな訴訟行為がされた時にその訴訟行為が有効になされたこととなります。

（2）瑕疵の治癒

まず、裁判の確定があります。当事者の訴訟行為は、裁判による紛争解決を求めてなされるのですから、その裁判が確定して取り消すことができない状態になった以上、その判決を出すた

めに積み重ねてきた訴訟行為に瑕疵があったとしても、その瑕疵を主張できないということです。

次に、責問権の放棄・喪失があります。これは当事者が訴訟手続に関する規定の違反を知り、または知ることができたにもかかわらず、遅滞なく異議を述べないときは、異議を述べる権利を失うということです。

ポイント

【訴訟行為】

> 裁判所の訴訟行為
> →裁判・訴訟指揮権の行使

> 当事者の訴訟行為（行為の目的による分類）
> →本案の申立て
> →攻撃防御方法の提出行為

> 訴訟行為の瑕疵
> | 補正 | →追認・撤回 |
> | 治癒 | →裁判の確定 |

ミニテスト

訴訟能力を欠く者がした訴訟行為は、これらを有するに至った当事者または法定代理人の追認により、追認の時からその効力を生ずる。

解答　× 遡って有効になります。

047 訴訟上の合意（訴訟契約）

一定の場合には訴訟手続に関して契約を結ぶことができます

> **Q** 明文がない場合の訴訟契約は適法なの？
> **A** 当事者が自由に処分できる範囲内では適法になる場合もあるよ。

訴訟上の合意（訴訟契約）の意義

訴訟上の合意（訴訟契約）は、当事者あるいは当事者となるべき者が、特定の訴訟について一定の効果の発生を目的として合意をすることです。たとえば、管轄を特定の裁判所に決める旨の管轄の合意、担保提供の方法に関する合意、期日の変更の合意などです。

これらは、民事訴訟法上、明文のある場合です。では、明文の規定がない訴訟契約は適法ではないのでしょうか。また、適法だとして、その効力はどのように考えるのでしょうか。

明文の規定のない訴訟契約の適法性

裁判所は、多数の訴訟事件を迅速かつ適正に処理しなければならないので、訴訟手続の方式を当事者の合意で自由に変更することを無制限には許せません。当事者が自由に手続を決めることができるとしたら、訴訟手続の安定性、画一性が損なわれ、迅速かつ適正に事件を処理できなくなるからです。これを任意訴訟の禁止の原則といいます。

任意訴訟の禁止の原則からすれば、

明文にない訴訟契約は不適法であると考えるのが筋だと思われます。しかし、処分権主義、弁論主義の妥当する範囲内では当事者の意思が尊重されるわけですから、その範囲内では、明文の規定がない訴訟契約も認めるべきであると考えられています。もっとも、合意の効果が明確に予測できないと、当事者が不測の損害を被る場合がありますので、処分権主義、弁論主義の妥当する範囲内で、合意の効果が明確に予測できる場合に限って、明文の規定のない訴訟契約も適法となると考えられています。

いくつか例をあげて検討してみましょう。

不起訴の合意

不起訴の合意とは、一定の権利関係をめぐって紛争が生じても裁判所へ訴えを提起しないという訴訟契約です。訴訟を開始するか否かは当事者の処分に委ねられるので、合意の対象は処分権主義の妥当する範囲内にあるといえます。しかも、その効果は訴えを提起しないというものであり、明確に予測

できるものですから、不起訴の合意は適法となります。

訴えの取下げ契約

訴えの取下げ契約についてみると、訴訟を終了するか否かということは当事者の処分に委ねられるものですから、合意の対象は処分権主義の妥当する範囲内といえます。しかも、その効果は訴訟係属の遡及的消滅であり、明確に予測できるものです。したがって、訴えの取下げ契約は適法となります。

証拠制限契約

証拠制限契約とは、訴訟で使用する証拠を特定のものに限る契約のことです。いかなる証拠方法を提出するかは当事者の権能と責任に委ねられるので、合意の対象は、弁論主義の妥当する範囲内といえます。また、その訴訟契約の効果は証拠方法を特定のものに限定するというものであって明確に予測できるのですから、証拠制限契約も適法となります。

ポイント

【訴訟上の合意】

明文のある訴訟契約

→管轄の合意、期日の変更の合意など

明文のない訴訟契約

→適法性がそもそも問題

> **適法性の要件**
> ・処分権主義・弁論主義の範囲内
> ・合意の効果が明確に予測可能

 ミニテスト

管轄の合意や期日の変更の合意は無効である。

解答 ×

048 訴訟行為と私法規定

訴訟行為は私法行為と密接な関係をもつので、私法規定の適用の有無が問題となります

Q 私法規定を全面的に適用できないよね？

A 訴訟手続を不安定にしないような場合に私法規定の適用を認めるんだよ。

私法規定の適用に際しての留意

　訴訟手続は、訴訟関係人の行為が積み重ねられていくものです。しかし、訴訟を終了させる行為については、積み重ねられていくということはありません。

　さらに、訴訟行為には、訴訟手続内で行われる純然たる訴訟行為もあれば、訴訟外で行われる訴訟行為もあります。後者は手続に組み込まれるまでは手続との直接的な関連性は薄いといえます。

行為能力に関する規定の適用

　まず訴訟行為に民法上の行為能力に関する規定の適用があるかという問題があります。たとえば、訴訟代理権の授与のように訴訟手続全体に影響を与える訴訟行為には、訴訟内はもちろん、たとえ訴訟外において行うとしても、訴訟能力が必要とされます（行為能力規定の適用なし）。

条件・期限

　訴訟行為に期限をつけることはできません。当事者が訴訟行為の効力の発生時期を任意に決めることができるとすると、訴訟手続の進行は秩序が保てず不安定なものになり、審理が混乱するからです。

　では、訴訟行為に条件をつけることはできるでしょうか。

　当事者の訴訟行為（申立てや主張等）が明確で確定していてこそ、裁判所の訴訟指揮や応答も的確になしうるのですから、原則として訴訟行為に条件を付けることは認められていません。しかし、予備的申立てや予備的主張のように第一の申立てや主張が認められることを解除条件として第二の申立てや主張をするような訴訟行為は認められています。

　たとえば、所有権確認の訴えを提起し、その土地の所有権の取得は売買に基づくものであるが、仮に売買が認められないとしても時効取得したと主張するような場合です。これらの訴訟行為は、順位が付けられていても、裁判所の審理にとって支障はなく、原告の便宜にも資するし、訴訟経済にも適うので認められています（086参照）。

表見法理の規定の適用

これは、たとえば、法人の代表者について実体法上の**表見法理**（民法上の**表見代理**）の規定が適用されるかという問題です。法人を被告として訴えを提起する場合、普通は、登記簿の記載を手掛かりにするしかありませんが、その登記簿の記載が実体関係を反映していなかった場合の取扱いをどうするのかという問題です。

最高裁は、実体法上の表見法理の規定は取引の安全を図るための規定であり、手続の安定を重視すべき訴訟行為には適用すべきではないとして否定しました（最判昭45.12.15）。

意思表示に関する民法規定の適用

これまでは、手続の安定と明確性の要請を考慮して、訴訟行為に意思表示の瑕疵に関する民法規定の適用はないと考えられていました。ただ、最近では、たとえば、管轄の合意等の訴訟前・訴訟外でなされる訴訟行為は訴訟手続と直接の関連性はなく、また、訴訟上の和解や訴えの取下げなど訴訟を終了させる行為についてはその後に手続が積み上げられないので、これらの訴訟行為については、手続の安定の要請は考慮する必要がないとして、民法規定の類推適用を認めてよいとするのが学説の傾向です。

ポイント

【訴訟行為と私法規定】

訴訟行為に適用があるか	
行為能力	訴訟手続全体に影響を及ぼすものには適用なし
表見法理	適用なし
意思表示規定	管轄・訴えの取下げ・訴訟上の和解には類推適用を認めてよい
訴訟行為に付けることができるか	
期　　限	不可
条　　件	原則不可。予備的申立て・予備的主張では認められている

ミニテスト

1　法人の代表者の確定については実体上の表見法理の適用がある。
2　申立てや主張に条件を付けることは認められない。
3　訴訟行為に期限を付けることは認められない。

解答　1　×　判例は否定しています。
　　　　2　×　予備的申立てや予備的主張は認められています。
　　　　3　○

049 弁論主義と職権探知主義

裁判をするための資料（訴訟資料）を誰が集めるかの話です

Q 弁論主義が採用されているのはなぜなの？

A 民事訴訟において当事者の意思を尊重するためだよ（本質説）。

弁論主義と職権探知主義の意義

判決をするにあたっては、法規、事実とその認定資料である証拠が必要です。このうち、法規は、外国法や慣習法を除けば裁判所が知っているべきものですが、事実とその認定資料である証拠の収集については、これを当事者と裁判所のいずれの責任とするかは、訴訟政策上、極めて重要な問題だといえます。

この問題については、2つの基本的な考え方があります。1つは、裁判所の責任ともする建前です。これを職権探知主義といいます。もう1つは、事実と証拠の収集を当事者の責任と権限とする建前です。これを弁論主義といいます。すなわち、弁論主義とは、判決に必要な訴訟資料の収集と提出について、その権限と責任は当事者にあるとする建前をいいます。

当事者の権限というのは、当事者のみが訴訟資料を収集して提出する権限があるということです。また、当事者の責任とは、裁判所が事実と証拠を探知しないことを当事者は非難することができないということです。例外はありますが、基本的な考え方としては、当事者に権限と責任があるのだということです。

弁論主義の根拠規定

この点、民事訴訟法は、弁論主義を採用していますが、実は民事訴訟法には、弁論主義を採用した旨を宣言する規定も、弁論主義の内容をすべてきちんと示した規定もありません。それにもかかわらず、なぜ弁論主義を採用しているといえるのでしょうか。

民事訴訟法には、裁判上の自白の効果について定めた規定（179条）など、弁論主義を前提にしていると思われる規定が置かれています。このことは民事訴訟法が弁論主義を採用しているといえる1つの根拠となります。また、人事訴訟法（20条）、非訟事件手続法（11条）、行政事件訴訟法（24条）といった他の法律では、特に職権探知主義を定めた諸規定が設けられています。これらのことから逆に推し量ってみれば、民事訴訟法は弁論主義を採用していると理解されます。

弁論主義の根拠

もっとも弁論主義が採用されている根拠については、色々な考え方があります。まず本質説です。これは、民事訴訟は、紛争解決の過程として実体法と連続しているので、実体法上の私的自治を反映させ、裁判所がする判決は、当事者の弁論にあらわれたところに従って紛争を解決していけばよいとするものです。次に、手段説という考え方があります。これは、当事者が事実関係を一番詳しく知っているので、その利己心を利用する方が真実発見の手段として適切であるから弁論主義が採用されているのだと考えるものです。またこれらの本質説や手段説の根拠の他に、不意打ちの防止や公平な裁判所への信頼などといった根拠をも加えて、多元的な根拠から弁論主義が採用されているとする考え方（多元説）もあります。

ちなみに、現在のところ、通説とされているのは本質説ですから、これを理解しておけばよいでしょう。

ポイント

【弁論主義の根拠】

訴訟資料

弁論主義　　→当事者が収集
職権探知主義　→裁判所も収集

弁論主義の根拠

条文上の根拠	民事訴訟法179条や他の法律の規定（人訴20条、行訴法24条、非訟法11条）から逆推知
理論上の根拠	実体法上の私的自治の反映（本質説）

ミニテスト

1　訴訟資料の収集を当事者の権限と責任とする建前を処分権主義という。
2　民事訴訟法は訴訟手続の進行に関して職権探知主義を採用している。

解答　1　× 弁論主義です。
　　　2　× 職権探知主義は訴訟資料の収集に関する建前であり、手続の進行に関する建前は職権進行主義です。

050 弁論主義の内容

弁論主義は３つの内容をもちます

> **Q** 弁論主義の３つのテーゼって何のこと？
>
> **A** 主張責任、自白の拘束力、職権証拠調べの３つだよ。

弁論主義の３つのテーゼ

弁論主義の内容は、次の３点に要約されています。

第１は、当事者が弁論で主張しない事実を、裁判所は判決の基礎に用いてはならないということです。これを弁論主義の第１テーゼといいます。第２は、当事者間に争いのない事実については、裁判所はそのまま判決の基礎に組み入れなければならないということです。第３は、当事者間で争われている事実の認定に必要な証拠については、当事者の申し出たものだけを裁判所は取り調べることができるということです。それぞれを、弁論主義の第２テーゼ、第３テーゼといいます。

主張責任（第１テーゼ）

（１）第１テーゼを当事者側から見ると、ある事実が判決にとっていかに重要なものであっても、その事実を弁論で陳述していなければ、たとえ証拠調べがなされて、その事実の存在につき裁判所に心証を得させたとしても、その事実を判決の基礎に組み入れてもらうことができないということです。こ

の当事者が負う不利益を**主張責任**といいます。たとえば貸金返還請求訴訟では、原告主張の貸金返還請求権が認められるためには、金銭の授受と返還約束の具体的事実が主張されなければなりませんが、これらの事実の主張がなければ、裁判所は貸金返還請求権の発生を認めることはできず、原告は不利益を被ることになります。

（２）なお、裁判所は、ある当事者の提出した事実あるいは証拠をその者に不利に、相手方に有利に斟酌することもできます。これを**主張共通の原則**といいます。

ここで、主張共通の原則を認めることは弁論主義に反しないのかという問題が生じます。この点については、弁論主義は、裁判の基礎資料（事実と証拠）の収集に関する当事者と裁判所の間の役割分担に関する建前であって、当事者間の役割分担を決めるものではありません。したがって、当事者のうちどちらかの一方から事実が主張されていれば弁論主義の要請は充たしているとされます。

（３）主張責任の対象となる事実の範

囲については、現在の通説的見解によれば、弁論主義は主要事実（要件事実）についてのみ適用され、間接事実や補助事実（044参照）については適用がないとされています。

（4）主要事実の主張がなされても、相手方が争えば、主張者はその事実を証明しなければなりません。これを証明責任（069参照）といいます。そして、主張責任を負う者と証明責任を負う者とは、同一であるのが原則です。

自白の拘束力（第２テーゼ）

弁論主義の第２テーゼは、「自白の拘束力」です。裁判上の自白が成立すると、その事実については、争いがないということになります。裁判所は、当事者間に争いのない主要事実につい

ては、そのまま裁判の基礎にしなければなりません。

これを当事者の側からいえば、裁判上の自白が成立した事実については、証明する必要はなくなるわけです。

職権証拠調べの禁止（第３テーゼ）

第３テーゼは、「職権証拠調べの禁止」です。裁判所は、争いのある事実について証拠調べをするには、当事者が申し出た証拠によらなければならないということです。裁判所は、事実に争いがあるからといって、自ら証拠を収集し、取り調べてはならず、あくまでも、当事者が申し出た証拠に限って証拠調べができるということです。

ポイント

【弁論主義の３つのテーゼ】
　　　❶主張責任
　　　❷自白の拘束力
　　　❸職権証拠調べの禁止

ミニテスト

1　弁論主義は、訴訟を開始するかどうかを当事者の意思に委ねる建前である。
2　主張責任を負わない相手方当事者が提出した事実を主張責任を負う当事者に有利に用いることは弁論主義に反する。

解答　1　✕　弁論主義は訴訟を開始した後の、訴訟資料を当事者が集めるという建前です。
　　　2　✕　主張共通の原則を認めても弁論主義に反しません。

051 裁判上の自白

口頭弁論または弁論準備手続の期日において相手方の主張と一致する自分に不利益な事実を陳述することです

Q 裁判上の自白がなされると、どうなるの？

A 裁判所の事実認定権を拘束し当事者は原則として撤回できなくなるんだよ。

裁判上の自白の意味

裁判上の自白とは、当事者が相手方の主張する自己に不利益な主要事実を口頭弁論または弁論準備手続期日において認める旨の陳述です。ここにいう口頭弁論には、準備的口頭弁論（037参照）を含むことに留意して下さい。

自白の対象となるのは、主要事実です。通常は、相手方の主張する主要事実を認めるという形でなされますが、自白者が先に陳述して、相手方がこれを援用する場合もあります。これを先行自白といいます。

たとえば、XのYに対する所有権に基づく土地明渡請求訴訟において、口頭弁論において、Xが、「Yは○○年○月○日から本件不動産を占有している」と主張したのに対し、この陳述をYが認めた上で取得時効を主張したとします。占有は時効取得の要件の1つですから、この場合、Xの「Yが○○年○月○日から占有している」とした前記の主張は、Xにとって不利益な事実にあたり、先行自白となるのです。

自白の効力

自白が成立すると、その事実は証明することを要しません（179条）。これを証明不要効といいます。それとともに、弁論主義の要請（第2テーゼ）として、裁判所は当事者間に争いのない事実はそのまま判決の基礎としなければならず、これに反する事実を認定することはできません。したがって、裁判上の自白により、裁判所の事実認定権が事実上制約されることとなります。これを自白の審判排除効あるいは自白の裁判所拘束力といいます。

また、自白が成立すると、自白した当事者に対しても、撤回をすることができないという撤回禁止効（当事者拘束力ともいいます）が発生します。

自白の撤回が認められる場合

では、自白が成立したら、一切撤回は許されないのでしょうか。通常、次の3つの場合に自白の撤回が認められるとされています。

①相手方の同意がある場合です。訴訟上有利な状態を得た相手方が撤回を認めるのですから、撤回を禁止する理由

はありません。

②次に、自白内容が真実に反し、かつ錯誤に基づく場合です。自白された事実は自白者にとって不利益なものですから、真実に合致する蓋然性が高いとみられ、それゆえに自白の拘束力が認められるのです。しかし、真実に反することが立証された場合には、この蓋然性が高いとの経験則が働かず、加えて、自白が錯誤による場合には、撤回を認めても禁反言ないし自己責任の原則に反しないと考えられるからです。なお、最高裁は、反真実の証明があった場合には、錯誤に基づくことが事実

上推定されるとしています。

③最後に刑事上罰すべき他人の行為によって自白がなされた場合です。民事訴訟法は「刑事上罰すべき他人の行為により、自白をするに至ったこと」を再審事由としています（338条1項5号）。再審とは、判決が確定した場合の非常の救済手段です。判決の確定前にこれが発覚したのであれば、わざわざ判決の確定をまつ必要はありません。そこで、このような再審事由があるときには自白の撤回が認められます。このような考慮を、再審事由の訴訟内顧慮といいます。

ポイント

【裁判上の自白】

自白の効力
❶証明不要効
❷裁判所拘束力（審判排除効）
❸当事者拘束力（撤回禁止効）

自白の撤回
❶相手方の同意がある場合
❷反真実かつ錯誤の場合
❸刑事上罰すべき他人の行為によって自白した場合

ミニテスト

裁判上の自白は、相手方の同意がない限り、撤回することはできない。

解答　× 自白は、それが真実に反し、かつ錯誤に基づく場合等にも撤回することができます。

052 権利自白・擬制自白

権利関係について自白した場合です

Q 権利自白は裁判上の自白と何が違うの？

A 訴訟物以外の権利についての自白である点において、事実についての裁判上の自白とは違うんだよ。

権利自白とは

裁判上の自白の対象となるのは、主要事実です。間接事実や補助事実は自白の対象とはなりません。

それでは、事実ではなく、権利関係について自白は認められるでしょうか。たとえば「所有権がある」などと認めてしまう場合の話です。

訴訟物たる権利関係について原告の主張に理由があることを被告が認めた場合には、請求の認諾となります。

では、同じく権利関係であるとはいっても、訴訟物たる権利関係の前提となる権利・法律関係について認める旨の陳述をした場合はどうでしょうか。これが権利自白の問題です。

たとえば、原告が所有権に基づく土地明渡しを求めている場合に、被告が「原告の所有権を認める」と陳述する場合です。この場合、訴訟物は所有権に基づく返還請求権としての明渡請求権です。所有権は、この請求権を基礎づける権利であって、訴訟物ではありません。このような訴訟物以外の権利関係について、相手方の主張と一致する自己に不利益な陳述を権利自白といいます。こうした権利自白について自白の拘束力（とくに裁判所に対する拘束力）は認められるでしょうか。

| 訴訟物 | ＝請求の認諾 |

| 訴訟物の前提たる権利関係 | ＝権利自白 |

権利自白の拘束力

権利自白の効力については、大別して３つの考え方があります。

（１）まず、裁判所に対する拘束力も当事者に対する拘束力も否定する説です。

弁論主義は、事実と証拠を提出する権能と責任を当事者に認める建前です。そこで、事実についての自白は裁判所の判断を拘束するが、権利または法律関係についての判断は裁判所の専権に属しますので、権利自白は裁判所を拘束しないというものです。

（２）これに対して、権利自白の拘束力を認める説があります。そのうちのいくつかを紹介します。

第1に、原告の権利主張との関係を考えると、先決関係（前提となる関係）は、事実と同様に権利主張を基礎づける地位にあるから、これを事実と同様に扱ってよいとする考え方です。

第2に、先決的法律関係（前提となる法律関係）は中間確認の訴えの訴訟物になり、その請求の認諾が可能であるのですから、そのことを根拠に、権利自白の拘束力を裁判所についても当事者についても認めてよいとする考え方があります。

第3に、法的判断を裁判所の職責とするのは当事者の利益保護のためであるから、権利または法律関係の内容を当事者が十分に理解したうえでした自白であるなら裁判所に対する拘束力を認めてよいとする考え方があります。

（3）現在、有力な考え方は、権利自白がなされると、相手方はその権利主張を理由づける必要がなくなるが、裁判所は弁論に現れた事実に基づいてこれと異なる法律判断をすることは許されるとする考え方です。

擬制自白

擬制自白とは、当事者が口頭弁論（準備的口頭弁論を含む）または弁論準備手続において相手方の主張した事実を争うことを明らかにしない場合に、その事実が裁判上自白したものとみなされることをいいます。ただし相手方の主張した事実を争うことを明らかにしない場合であっても、弁論の全趣旨により、その事実を争ったものと認められるときは、自白の成立は否定されます。擬制自白の成否は事実審の口頭弁論終結時の状態を基準として判断されますので、裁判上の自白と異なり、撤回禁止効は問題となる余地はありません。

ポイント

権利自白
訴訟物たる権利関係の前提となる権利または法律関係についての自白

擬制自白
❶口頭弁論または弁論準備手続において
❷相手方の主張した事実を争うことを明らかにしない場合に
❸自白したものとみなされること

ミニテスト

擬制自白を撤回するには、相手方の同意が必要である。

解答　× 擬制自白の成否は事実審の口頭弁論終結時の状態を基準として判断されるので、撤回禁止効は問題となりません。

053 不特定概念と主要事実

評価が必要な概念ですから、そのまま主要事実と考えてよいかが問題となります

Q 不特定概念を定めた条項の場合、弁論主義の適用をどのように考えるの？

A 「過失」についていえば、過失を基礎づける具体的事実を主要事実と考えるんだよ。

弁論主義が適用される事実

弁論主義が適用される事実は主要事実に限られるとするのが通説です。

では、なぜ弁論主義の適用される事実を主要事実に限るのでしょうか。通説的考え方は次のような根拠をあげます。第1に、間接事実や補助事実は主要事実を推認させるものであるという点では証拠と同じ作用を果たすこと、第2に、事実認定にあたっては裁判官が自由に心証を形成してよいはずである（067参照）のに、間接事実についても主張が必要だとすると間接事実の主張がない限り、裁判官は間接事実が認定できないということになり裁判官の判断が窮屈になるということです。

不特定概念・一般条項

一般に、民法などの実体法の条文は、「○○したときは、○○とする」というように、要件と効果から成り立っています。この要件は、通常、具体的かつ特定的な表現をもって書かれています。

しかし、要件を抽象度の高い表現で規定している条文があります。たとえば、民法は、損害賠償請求権の発生要件の1つとして「過失」を規定しています（709条）。「過失」という用語は評価を要する規範的・価値的概念です。

規範的・価値的概念を用いた条文には、他に「信義則」「権利の濫用」などがあります。

このような条文にあっては、条文がその要件として規定している「規範的事実」を主要事実、規範的評価を基礎づける具体的事実を間接事実として理解すべきか、それとも規範的事実を基礎づける具体的事実を主要事実と理解すべきかが問題となります。規範的事実を基礎づける具体的事実を評価根拠事実といいます。

たとえば、「過失」という要件について、原告は、ただ「過失があった」とさえ主張すればよいのかという問題です。過失ある行為といっても、被告の飲酒運転、スピード違反、脇見運転などが「過失」と評価されるべき具体的事実であり、「過失」それ自体は評価（規範的事実）にすぎないともいえ

ます。

　もし、「過失」自体を主要事実と考えると、原告が「脇見運転の事実」があったと主張し、被告がそれを否認している場合に、裁判所が、原告も被告も主張していない「スピード違反の事実」を認定しても弁論主義には反しないことになってしまいます。これでは当事者、とくに敗訴被告にとって不意打ちになります。

　そこで、最近では、「過失」を基礎づける具体的事実、すなわち、たとえば「飲酒運転の事実」「スピード違反の事実」「脇見運転の事実」などが主要事実であるとする見解が多数説となってきています。

　この見解によると、当事者（原告）は、「脇見運転の事実」などの具体的な事実を主張しなければなりません。その事実が主張されれば、この事実が「過失」に該当するかについて判断することになります。

ポイント

【不特定概念と主要事実】

　　　　　❶を主要事実と考えるか
　　　　　❷を主要事実と考えるか

❶規範的事実（民法709条の過失）

↑根拠づける

❷具体的事実（飲酒運転、スピード違反、脇見運転等）

ミニテスト

1　補助事実とは、主要事実の存否を推認するのに役立つ事実である。
2　規範的事実を基礎づける具体的事実が主要事実であると考えると、当事者が脇見運転を主張しているのに、裁判所が飲酒運転の事実を認定することは弁論主義違反となる。

解答　1　×　補助事実は証拠の証明力に影響を与える事実です。
　　　　2　○

054 釈明権・釈明義務

当事者の主張が前後矛盾している場合などに裁判所が問い正します

Q どうして釈明権というものが認められているの？

A 当事者に十分な弁論を尽くさせて、適正・公平・迅速な裁判をするためだよ。

釈明権の意義

弁論主義の建前からいうと、事案の解明は当事者の権能であると同時に責任で行われます。弁論主義は合理的に行動できる人間を前提としているといえます。しかし、実際には、自らの権利や利益を守る能力に欠けたり、合理的な行動のできない人が当事者である場合もあります。このような場合に、裁判所は、後見的な見地から、適切に釈明権を行使して、当事者に実質的な弁論の機会を保障する必要があります。そこで、事実や法律関係を明らかにするために裁判所が当事者に働きかける権能として釈明権が認められています。

釈明権の行使

（1）釈明権は、合議体においては、裁判長が行使します。陪席裁判官も、裁判長に告げて釈明権を行使することができます。当事者は直接に相手方に対し発問することはできませんが、相手方の陳述の趣旨を確認するため、裁判長に対し必要な発問を求めることができます。これを求問権といいます。

しかし求問権に裁判所が応じるか否かは、裁判長の裁量に委ねられています。

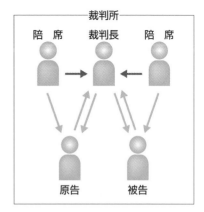

（2）当事者が釈明に応じるか否かについては自由です。しかし、釈明に応じない結果、趣旨不明等の理由で、その攻撃防御方法が却下されることがあります。

（3）釈明権は、審理の公平を保持しつつ適切な範囲で行使されなければなりません。

どの程度・範囲で釈明権を行使すべきかは、実務的には重要な問題ですが、その明確な基準はありません。

消極的釈明と積極的釈明

釈明には、消極的釈明と積極的釈明

があります。消極的釈明とは、当事者が既に行ってきた弁論の中に前後矛盾・不明瞭な点が認められる場合に、これを明確にするために問いを発することをいいます。この種の釈明が許されることについて争いはありません。

これに対して積極的釈明とは、いまだ当事者が弁論として提出していない事項について、裁判所が一方当事者に対し示唆したり、勝訴にとって必要と思われる攻撃防御方法や、場合によっては訴えの変更を示唆したりすることをいいます。

釈明義務

民事訴訟法は、釈明を裁判所の権能としてのみ規定しています（149条）。

ところが、今日の判例・通説では、釈明を裁判所の義務として認め、釈明義務違反が上告理由となることを認めています。

釈明権の行使は適正、公平かつ迅速な裁判のための裁判所の責務であるとの観点から、その責務の懈怠が上告理由となるとしているのです。

積極的釈明については、当事者間の公平を損なうおそれがあることから、積極的釈明を行わなかったことが義務違反になるのはどのような場合かは特に問題となります。しかしながら　般的基準を立てることは困難であり、個個の事件についての訴訟状態を考慮して具体的に決定するしかありません。

ポイント

【釈明権】

消極的釈明
→不明瞭な主張を問い正す
→不行使は、上告理由

積極的釈明
→必要な主張や申立てを指摘・示唆する

ミニテスト

1　釈明権の行使は、裁判官の権限である。
2　当事者は、裁判長に告げて、相手方当事者に対して釈明権を行使できる。
3　当事者の弁論に前後矛盾・趣旨不明瞭な点が認められる場合に、これを釈明しなかった場合、その釈明義務違反は上告理由となる。

解答　1　×　釈明権の行使は裁判所の権限です。
　　　2　×　当事者には求問権はあるが釈明権はありません。
　　　3　○　消極的釈明を行わなかったことは、上告理由となります。

055 証明を要しない事実

証拠をもって証明しなくてもよい事実があります

Q 民事訴訟ではどのような事実を証明しなければならないの？

A 裁判所が請求の当否を判断するのに必要で有用な事実だよ。

要証事実と不要証事実

民事訴訟の対象となる紛争は、実体私法上の権利義務の存否をめぐるものです。裁判所はこの権利義務の存否を判断して、判決という形で最終的な解決を示しますが、この裁判所の判断は民法などの実体私法の適用によってなされます。法律の適用をなすにあたっては、その前提として、法律の適用の要件となる事実の存在を確定することが不可欠です。この裁判官による事実認識の作業を事実認定といいます。

では、この事実認定の対象となる事実とは、どのような事実でしょうか。

弁論主義の下では、当事者が口頭弁論において主張した主要事実でなければ、判決の基礎として採用できません。間接事実については、当事者が主張していなくても判決の基礎に採用できますが、主要事実については当事者が主張している必要があります。

民事訴訟法では、当事者間に争いのない事実（裁判上の自白の成立した事実）および顕著な事実は証明することを要しないとされています（179条）。

当事者間に争いのある事実であるか

どうかを決めるには、両当事者の事実に関する主張をつきあわせる作業が必要となります。この作業は、一方当事者が主張した事実について、他方当事者は、認める・争うという態度決定をするという形で手続が進められます。相手方当事者が争えば（否認・不知）、そこが争点とされて証拠調べが行われます。相手方当事者が争わないのであれば（自白・擬制自白）、証拠調べは行われません。

当事者間に争いのない事実

弁論主義の下では、当事者間に争いのない主要事実はそのまま判決の基礎にしなければならないので（第2テーゼ）、当事者間に争いのない事実については、証拠による証明は不要です。また、顕著な事実についても、証拠による証明は不要になります。

争いのある事実については、弁論の全趣旨および証拠調べの結果によってその存否を認定しなければなりません。しかし、当事者の事実主張の全部について真否の判断をする必要は必ずしもなく、請求について判断するのに

必要な範囲で真否を判断すれば足ります。

顕著な事実

顕著な事実には、**公知の事実**と**職務上顕著な事実**があります。

(1) 公知の事実

公知の事実とは、不特定多数人に知れわたっている事実をいいます。たとえば、歴史上有名な事件や天災などが公知の事実といえます。

要するに、不特定多数人に知れ渡っている事実については、裁判官がそのまま事実認定に利用しても、客観性は十分に担保されているから証明は不要となるということです。

(2) 職務上知りえた事実

職務上知りえた事実とは、裁判官がその職務を行うことによって知ることができた事実をいいます。裁判官は私的な知識を用いて裁判することを禁止されています。しかし、裁判官が職務を遂行することによって知りえた事実は客観性が担保されています。それゆえ証明が不要となります。たとえば、自ら下した判決とか、訴え提起の年月日などです。これらは自己の所属する裁判所に保存された記録や裁判官の職務経験から明らかになる事実です。

ポイント

【証明を要しない事実（不要証事実）】

当事者間に争いのない事実
- ❶裁判上の自白
- ❷擬制自白

顕著な事実
- ❶公知の事実
- ❷職務上知りえた事実

ミニテスト

1 顕著な事実は、弁論で当事者の主張がなくても判決の基礎とすることができる。
2 当事者間に争いのない主要事実は、証拠によって証明する必要はない。
3 裁判官が職務上知りえた事実は、証拠によって証明する必要はない。

解答 1 × 顕著な事実は、その証明が不要とされるだけであり、主要事実に当たる限り、判決の基礎とするには当事者の主張が必要です。
2 ○
3 ○

056 証拠

争いのある主要事実を証明するために必要です

> **Q** 証拠能力と証拠力は違うの？
>
> **A** 証拠資料について、これを利用しうる資格が証拠能力、事実認定に役立つ程度が証拠力だよ。

証拠の必要性と意義

原告が訴訟の主題として示した権利や法律関係は観念的なものにすぎませんから、直接に認識することはできません。権利や法律関係の存在をどのように確認するかというと、それは民法・商法などの実体法によって行います。実体法は要件事実の存在によって権利の発生・変更・消滅を規定しています。要件事実の存否が確定できれば、実体法を適用して権利の存否を確認することができます。

証拠方法・証拠資料・証拠原因

（1）**証拠方法**とは、証拠調べにおいて、取調べの対象となる有形物（文字通り形のあるもの）のことです。証拠方法は、取調べの対象によって、呼称が異なります。取調べの対象が人である場合を人証といい、物体である場合を物証といいます。さらに、人証には、証人、当事者本人、鑑定人があり、物証には文書と検証物があります。

（2）このような証拠方法の取調べから得られる資料を**証拠資料**といいま

す。

証拠資料は、取調べの対象によって、証言、鑑定意見、当事者の供述、文書の記載内容、検証の結果に区別されます。

（3）証拠資料のうち、裁判官の心証形成の基礎となった資料を**証拠原因**といいます。具体的にいえば、証拠資料のうち、裁判所が信用できるとして採用したものおよび弁論の全趣旨（**067**参照）が証拠原因となります。

証拠能力・証拠力

証拠資料を事実認定のために利用しうる資格を**証拠能力**といいます。民事訴訟法では、原則として証拠能力に制限はありません。

もっとも、民事訴訟でも、違法に収集された証拠については、その証拠能力を否定すべきだ、という議論はあります。

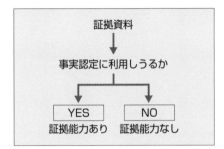

主要事実の存否を直接に証明するための証拠を直接証拠といい、間接事実や補助事実を証明するための証拠を間接証拠といいます。

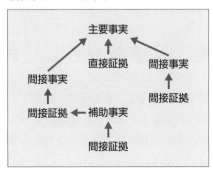

これに対して、証拠力とは、証拠資料が事実認定に役立つ程度をいいます。証拠力は証明力あるいは証拠価値ともいいます。この証拠力は別の言い方をすれば、証拠資料が心証形成に与える影響力のことです。

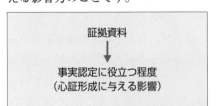

第4編 訴訟の審理

ポイント

【証拠方法と証拠資料】

証拠方法	
人証	証人 当事者本人 鑑定人
物証	文書 検証物

証拠資料

証人	→証言
鑑定人	→鑑定意見
当事者本人	→当事者の供述
文書	→文書の記載内容
検証物	→検証の結果

ミニテスト

証拠方法には、証人、鑑定人、文書、検証物があるが、当事者本人は証拠方法たりえない。

解答 × 当事者本人も証拠方法たりえます。

057 証明の意義

裁判官に確信を得させることです

Q 自由な証明って何？
A 法の規律の制限を受けない証明だよ。

証明と疎明

裁判官に、要証事実の存在について確信を得させるために証拠を提出する当事者の行為、または、それによって裁判官が確信を得た状態のことを証明といいます。

裁判官が確信を得た状態というのは、確かにその事実が存在したと信ずる心的状態のことです。そうはいっても、どの程度の証明をもってそういえるのかは必ずしも明らかではありません。

民事訴訟における証明は、自然科学的な論理的な証明ではなく、その事実の存在について高度の蓋然性の証明で足ります。この証明は歴史的証明といわれています。そもそも裁判では、制約された手続の下で過去の事実を認識しなければなりませんから、自然科学のように絶対的証明を求めることはできないのです。

また、民事訴訟では、証明よりもっと低い程度の心証で裁判官が判断してよいとされる場合があります。

裁判官が確信を得なくても、「一応確からしい」という程度の心証で足りる場合であり、これを疎明といいます。

すなわち、疎明とは、事実の存在が一応確からしいといった、確信よりも低い心証を裁判官が得た状態、あるいは、それを得させるために証拠を提出する当事者の行為をいいます。

疎明は、訴訟手続上迅速な処理が必要な場合や手続上の問題や派生的問題について裁判所が判断する必要がある場合に用いられます。そして疎明は、「即時に取り調べることができる証拠」によってしなければなりません。即時に取り調べることができる証拠というのは、たとえば、裁判所に連れてきている証人（在廷証人）や現在所持している文書等です。

疎明は、原則として、明文で定められている場合に認められます。たとえば、以下のような場合が規定されています。

①除斥・忌避の原因の疎明
②特別代理人選任申立てに際して要求される「遅滞のため損害を受けるおそれ」の疎明

③補助参加の理由の疎明
④公開禁止事件記録の閲覧、請求の際に要求される「利害関係」の疎明
⑤証言拒絶の理由の疎明

厳格な証明と自由な証明

これは、証明の仕方についての区別です。

民事訴訟法に定められた規定に従って、厳密な手続に基づいて行われる証明を厳格な証明といいます（180条以下）。これに対して、自由な証明とは、このような制限のない証明の仕方をいいます。自由な証明とはいっても、証明であることに変わりはありませんから、厳格な証明と自由な証明のいずれの証明にあっても、裁判官に確信を得させなければなりません。

| 厳格な証明
自由な証明 | → | 証明 |

厳格な証明と自由な証明のそれぞれの妥当範囲については議論があります。この点については、請求の当否を理由づける事実については厳格な証明を要すると覚えておけばよいでしょう。

本証と反証

本証とは、当事者が自ら証明責任を負う事実を証明するために提出する証拠のことをいいます。また、その証明活動のことを指す場合もあります。

これに対して、この証明責任を負う者が主張した事実について、相手方がこれを否定するために提出する証拠のことを反証といいます。また、その証明活動を指していう場合があります。

本証のときには、当事者は当該事実につき裁判官に確信を抱かさせなければその目的を達したことにはなりません。これに対して反証のときには、当事者は当該事実につき裁判官が確信を抱くことを妨げることができれば（このことを、真偽不明の状態に持ち込むといいます）十分にその目的を達することができます。

ポイント

【本証と反証】
本証→裁判官に確信を抱かせる必要あり
反証→真偽不明に持ち込めば足りる

ミニテスト

自由な証明のときには、裁判官に確信を抱かせる必要はなく、一応確からしいという心証を形成させれば足りる。

解答 × 自由な証明であっても、裁判官に確信を抱かせる必要があります。

058 間接反証

認知訴訟が典型的な例です

Q 間接反証って何のこと？

A 間接事実を使った反証としての機能を営む証明活動だよ。

間接反証とは

反証という証明活動には、その争い方からみて、2通りの方法があるということができます。

1つは一応証明された事実の存在自体を争って、反対の証拠を提出するという本来的な方法です。もう1つは、いわゆる間接反証といわれる方法です。

間接反証とは、ある主要事実につき証明責任を負う当事者がその主要事実を推認させる間接事実を一応立証した場合に、相手方がその間接事実とは別個の両立しうる間接事実を立証することにより、主要事実の推認を妨げる立証活動をいいます。典型的な具体例をあげてみましょう。

たとえば、認知訴訟（民法787条）があります。ここでは「血縁上の父子関係」があるか否かということがポイ

ントとなる訴訟です。この訴訟において、原告が、①原告の母が懐妊当時に被告と性交渉があったこと、②血液型が矛盾しないことなどの間接事実を立証し、これによって、血縁上の父子関係があるという主要事実を一応推認させたとします。

一応の推認、あるいは一応の推定というのは、高度な蓋然性に基づく事実上の推定のことです。事実上の推定とは裁判官の自由心証による推定のことです。もちろん、自由心証に任されているとはいっても、経験則に基づくものでなければなりません。

先の認知訴訟で、①②が立証されることによって、一応の推定がなされ、血縁上の父子関係があるということになった場合に、被告が③原告の母が当時他の男性とも性交渉があったという間接事実を立証する活動が間接反証です。この③の事実は、①②と両立する間接事実であり、これを立証して主要事実の推認を妨げるのです。

間接事実によって主要事実が推認されたとしても、相手方は、既に証明された間接事実の有する推認力を排除す

ることによって、主要事実自体を真偽不明に追い込めば勝訴できます。そのため、主要事実との関係では反証といえるため、間接反証といわれているのです。

なお、間接事実については本証が要求されることに注意が必要です。

間接反証という証明活動の意義

このように間接反証は、主要事実の証明責任それ自体の所在に変更をもたらすものではありません。主要事実の証明責任の所在には変更をもたらさないのですが、一応の推定という法技術を使うことによって、証明責任の公平な負担を実現しようとするものです。

ポイント

【反証の2つの用法】
❶本来的用法
　一応証明された事実の存在自体を争って反対の証拠を提出
❷間接反証
　間接事実の立証により推認された主要事実につき、その間接事実と両立しうる間接事実の立証により推認を妨げる

ミニテスト

1　間接反証は、既に証明された間接事実の有する推認力を排除する立証活動である。
2　間接反証は、主要事実の証明責任の所在を変更するものである。

解答　1　○
　　　2　×　間接反証は、主要事実の証明責任の所在には変更をもたらさずに、一応の推定という法技術を用いることによって、証明責任の公平な負担を実現しようとするものです。

059 証拠調べ手続～その1

証拠調べは当事者の申出がなければ始まりません

> **Q** 証拠調べの申出の時期に制限はないの?
>
> **A** 適切な時期に申出をしなければならないんだよ。

証拠の申出

証人、鑑定人、当事者本人、文書、検証物というのは証拠方法です。これらの証拠方法から証拠資料を得ることを証拠調べといいます。

弁論主義のもとでは、証拠調べは当事者からの申出によって始まります。

職権による証拠調べ

証拠調べは当事者からの証拠の申出によって始まるのが原則ですが、民事訴訟法は、例外的に、個々の証拠方法の特質に鑑みて、職権による証拠調べを認めています。たとえば、当事者尋問や鑑定の嘱託は職権によって行うことができます。さらに、裁判所が職権探知することができる事項や手続上様々な前提事項や副次的な事項についても事実関係の確定が必要となる場合があり、これらについても職権証拠調べがなされます。

証拠の申出の方式

(1) 証拠の申出は、口頭または書面により行うことができますが、実務においては書面により行われるのが通例

です。

(2) 証拠の申出は、証明すべき事実(これを立証事項あるいは立証命題といいます)を特定し、かつ、これと証拠との関係を具体的に明示して行います。証明すべき事実と証拠との関係を具体的に明示することによって、何を証明するための証拠調べであるかを明らかにします。また、相手方当事者に速やかに知らせて期日の準備を行わせるように、証拠の申出を記載した書面を直送しなければなりません。

証拠申出の時期

(1) 証拠の申出は攻撃防御方法の提出の一種ですから、適時提出主義(訴訟の進行状況に応じて適切とみられる時に提出すべきであるという建前)の規律を受けます。

そして、民事訴訟法は、争点整理手続を整備した上、証人および当事者本人の尋問は、できる限り、争点および証拠の整理が終了した後に集中して行わなければならないとしていますので、証拠の申出は、原則として争点整理手続(書面による準備手続を除く)

においてなされることになります。

（2）証拠の申出は期日前においても行うことができます。証拠の申出それ自体は、証拠調べの準備行為に過ぎないので、口頭弁論を形式的に貫くよりも、訴訟経済を優先させるべきであるというのがその趣旨です。

相手方の陳述機会の保障

証拠の申出に対しては、相手方当事者が反対することは可能ですから、双方審尋主義の観点から、相手方に陳述の機会が保障されなければなりません。

証拠申出の撤回

証拠の申出は、原則として、自由に撤回することができます。

しかし証拠調べが開始された後では、相手方に有利な証拠が現われることもあります。証拠は、その提出者に有利な事実の認定に用いられるだけではなく、相手方に有利な事実の認定にも用いることができるのですから（証拠共通の原則）、証拠調べ開始後は、相手方の同意がない限り、証拠の申出を撤回することができません。相手方の同意を得て申出の撤回が認められた場合、そのことが弁論の全趣旨として、裁判に影響を与える場合があります。

証拠調べが完了した後は、既に裁判官の心証形成が行われてしまっていることから、証拠の申出を撤回することはできません。

ポイント

【職権証拠調べ】
❶管轄に関する証拠調べ（14条）
❷調査の嘱託（186条）
❸鑑定の嘱託（218条）
❹検証の際の鑑定（233条）
❺当事者尋問（207条1項）
❻係属中の事件の証拠保全（237条）
❼公文書の成立の真否の問合わせ（228条3項・5項）

ミニテスト

1　証拠調べは、当事者の申出により開始されるのであり、裁判所が職権で行うことはできない。
2　当事者は証拠調べ終了後においても、判決が出されるまでは、自由に証拠の申出を撤回することができる。

解答　1　×　職権証拠調べが認められています（14条等）。
　　　　　2　×　証拠調べ終了後には証拠の申出は撤回できません。

060 証拠調べ手続～その2

当事者が申し出た証拠を採用するかどうかは裁判所の裁量です

> **Q** 証拠調べが決まったらどうなるの?
> **A** 期日に公開の法廷で証拠調べをするんだよ。

証拠の採否

当事者によって証拠調べの開始の申出がなされたとき、裁判所は、証拠調べをするかどうかにつき裁量で決定します。

申出が不適法ならば却下されますが、申出が適法であっても、必ず証拠調べをしなければならないわけではありません。また、不定期間の障害があるとき（たとえば、証人が外国に旅行中でいつ帰国するか不明な場合）は証拠調べをしないことができます。

証拠決定

証拠の採否についての裁判所の判断はどのように行われるのでしょうか。裁判所が一定の証拠を取り調べる旨を宣言する訴訟指揮上の裁判、または申出がある場合にこれを却下する旨の裁判として行われます。

ところで、裁判所は、証拠の採否の決定を明らかにする必要があるのでしょうか。というのも、民事訴訟法上、証拠の採否について「決定」を要する旨の明文規定は、文書提出命令（223条1項）の場合と職権による証拠保全（237条）の場合しかありません。そこで、これら以外の場合に証拠の採否を決定で明らかにする必要があるのかが疑問となってくるからです。この点、学説上は争いがあるところですが、実務では、採用の決定を明示しないまま証拠調べが行われていることが多いようです。

証拠調べ期日

証拠調べ手続は、証拠調べ期日において、通常は裁判所における公開法廷で行われます。これは、直接主義・公開主義の要請があるからです。しかし、相当と認めるときは裁判所外で証拠調べを行うことができますし、また書証は弁論準備手続でも取り調べることができます。

現行法は、証拠調べの期日と主張や抗弁を提出するための弁論期日とを厳格には分離しない方式を採用しています（証拠結合主義）。他方で、証拠調べは集中して行うのが原則ですが、これは、証拠結合主義自体を排斥するものではありません。証拠調べの方式に関して、民事訴訟法は、特に証人や当

事者尋問はできるだけ争点や証拠の整理手続を終えた直後に開催される最初の口頭弁論期日に集中して行わなければならないことにしているのです。

そこで、人証の取調べについては、争点および証拠の整理が終わった後に集中的に実施されることが予定されているのですが、人証以外の取調べについては、主張が提出される弁論期日において行うことができます。

ポイント

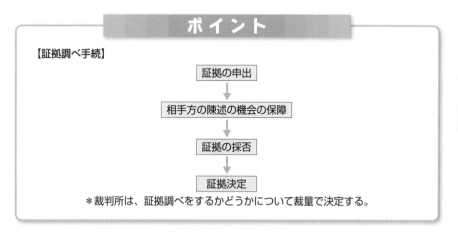

【証拠調べ手続】

証拠の申出
↓
相手方の陳述の機会の保障
↓
証拠の採否
↓
証拠決定

＊裁判所は、証拠調べをするかどうかについて裁量で決定する。

📄 ミニテスト

証拠調べの申出があれば、裁判所は証拠調べをしなければならない。

解答 ✕ 証拠調べをするかどうかは裁判所の裁量に任されています（181条1項）。

061 人的証拠〜証人尋問

人を証拠として扱う場合です

Q 証人に義務はあるの?

A 出頭義務、供述義務、宣誓義務があるよ。

人的証拠

人的証拠には、証人、当事者本人、および鑑定人の3種類があります。いずれも、その者に対する尋問を通じて、供述を取得する方法により取調べが行われます。そして、取調べにより得られた供述が証拠資料となります。

証人尋問

証人とは、過去に経験した事実を法廷で報告することを命じられた当事者以外の第三者のことです。証人のうち、専門的学識経験に基づいて知った過去の事実を供述する者は「鑑定証人」と呼ばれます。鑑定証人と後述する鑑定人（**063**参照）とは区別して下さい。

なお、基本的に証人となりうる者の資格に制限はありません。

ここで証人義務について述べておきます。証人義務は、わが国の裁判権に服する人のすべてにあります。証人義務というのは、具体的には、裁判所への出頭義務、供述義務（陳述義務）、宣誓義務からなります。

（1）裁判所への出頭義務

証人として呼出しを受けた者は証拠調べ期日に出頭しなければなりません。証人は、正当な理由なく出頭しないときは、訴訟費用の負担をさせられ、かつ10万円以下の過料に処せられたり、勾引（強制的に一定場所に連行）されたりします。不出頭の情状が悪質な場合、10万円以下の罰金または拘留に処せられます。

（2）供述義務

証人は、期日において尋問された事項について陳述をしなければならないのが原則です。しかし一定の事由がある場合には証言拒絶権が認められています。

証人が証言を拒絶しようとする場合にはその理由を疎明しなければなりません。証人が証言拒絶を申し立てた場合、その当否について裁判所は当事者を審尋して決定で裁判をします。この裁判に対しては当事者および証人は即時抗告をすることができます。

（3）宣誓義務

証人には特別の定めがある場合を除き宣誓させなければなりません。この

場合に裁判長は、宣誓の前に宣誓の趣旨を説明し、かつ偽証をした場合の罰則の内容（偽証罪）を告げなければなりません。

なお16歳未満の者または宣誓の趣旨を理解することができない者には宣誓をさせることができません。また、宣誓をさせるべきであったがそれを欠いた証人の陳述も、当事者が異議を述べない限り責問権の放棄により有効になります（046参照）。

証言拒絶権を有する者が証言拒絶権を行使しないで証言をする場合、裁判所は宣誓をさせないことができます。

証人尋問の手続

証人尋問については、交互尋問制が採用されています。一般に、裁判長は証人が本人であることを確認するため

に、氏名、住所、年齢、職業等を尋ねます。これを人定質問といいます。

尋問は、その申出をした当事者側の尋問から始め（主尋問）、ついで相手方が尋問します（反対尋問）。さらに申出をした側の再度の尋問（再主尋問）と続きます。

裁判長は必要がある場合はいつでも自ら尋問し、また当事者の尋問を許すことができますし、当事者の意見を聴いて尋問の順序を変更することができます。

当事者は尋問の順序や質問制限などについて裁判長が行った裁判に対して異議を述べることができます。当事者がこの異議を述べたときは、裁判所は決定で直ちに裁判をしなければなりません。

ポイント

【証人尋問】

証人の義務	出頭義務 供述義務 宣誓義務	
審問の方式	交互尋問制	

ミニテスト

1　証人が正当の理由なく出頭しない場合は、裁判所はその勾引を命ずることができる。

2　証人尋問は、裁判所が職権ですることができる。

解答　1　○　194条。

　　　2　×　証人尋問は当事者の申出によって行うのであり、裁判所が職権で行うことはできません。

062 当事者尋問

当事者を証拠方法として尋問し、その供述を証拠資料とするための手続です

> **Q** 当事者尋問は証人尋問とどこが違うの？
>
> **A** たとえば当事者は虚偽の陳述をしても偽証罪に問われないんだよ。

訴訟資料と証拠資料の区別

民事訴訟において、当事者は訴訟の主体です。当事者が弁論として行った事実の陳述は訴訟資料の提出としての意味をもちます。これに対して、当事者の陳述が証拠資料としての意味をもつ場合として、当事者尋問があります。当事者尋問とは、当事者を証拠方法にして、その見聞・体験した事実について尋問し、その陳述を証拠資料とする手続です。尋問される者は、当事者本人と、その訴訟において当事者を代表する法定代理人です。

当事者尋問の補充性の廃止

当事者は、事実関係を最もよく知る者です。しかし、一般的にみて、当事者は訴訟の主体として訴訟の結果に利害関係を有しているので、当事者の陳述には公平性も信頼性も乏しいという考えもありうるところです。そこで、以前は、証人尋問を重視し、当事者尋問は証人その他の証拠による立証が困難な場合に限り補充的に行うという原則が採られていました。これを当事者尋問の補充性といいます。

しかし、無駄のない充実した審理を目指すには、事実関係について最も熟知している当事者を取り調べることが効果的であることも否定できません。わが国では当事者本人の供述が証言と比較して信用性に乏しいとは必ずしもいえないとの認識もあって、実務では比較的緩やかに当事者尋問が認められてきました。現行法は、当事者尋問の補充性を廃止し、証人尋問との併用を認めています。

当事者尋問の手続

裁判所は、申立てまたは職権で、当事者本人を証拠方法として尋問することができます。そして尋問をする場合には、その当事者に宣誓をさせることができます。

同一期日において、証人と当事者とを併せて尋問する場合には、まず証人を尋問するのが原則です。しかしこの尋問順序は厳密に求められているわけではなく、裁判所が適当と認めるときは、当事者の意見を聴いて、まず当事者本人の尋問をすることができます。

証拠方法として尋問に応ずる義務

当事者は、証人と同じように、出頭義務、陳述義務、宣誓義務を負います。

証人と違う点は、宣誓が任意的であること、陳述の拒絶はできないこと、虚偽の陳述をしても偽証罪が成立するのではなく過料の制裁があるということ、そして勾引が認められていないということです。

当事者尋問の対象となった当事者が正当な理由もなく指定された期日に出頭しない場合、また出頭しても宣誓もしくは陳述を拒んだときは、裁判所は尋問事項に関する相手方の主張を真実と認めることができます。裁判所により真実と認められれば、相手方は、当事者尋問によって尋問事項が立証できないからといってさらに証人尋問や書証の申出をする必要はなくなります。

第4編 訴訟の審理

ポイント

【当事者の陳述】

弁論としての陳述　→訴訟資料
当事者尋問での陳述→証拠資料

 ミニテスト

1　裁判所は、職権で当事者本人を尋問することはできない。

2　正当な理由なく出頭しない者の勾引について、その者が証人である場合は行うことができるが、当事者である場合にはできない。

3　宣誓をした者が虚偽の陳述をした場合、その者が、証人であるときは偽証罪による刑事罰が科されるが、当事者本人である場合には、刑事罰を科されることはない。

解答　1　× 裁判所は申立て又は職権により当事者本人を尋問することができます（207条1項）。

2　○

3　○

063 鑑定

専門的技術的な事項の審理については特別の学識経験者の助けが必要です

Q 何のために鑑定という制度があるの？

A 裁判官の判断能力を補充するためだよ。

鑑 定

裁判では、裁判官自身が有する知識だけでは適切な判断ができない技術的専門的な事項を扱うこともあり得ます。そのような場合に、特別の学識経験を有する鑑定人に意見を述べてもらい、裁判官の判断能力を補充する証拠調べが鑑定です。たとえば、医療過誤が中心的テーマとなっている訴訟において、現代医学の高度な専門的知識に基づいて判断を述べてもらう場合です。

鑑定は、特別の学識経験を有する者がその専門的知識またはこれを利用した判断を報告する証拠調べです。この報告を行う第三者を鑑定人といいます。裁判所に命じられて鑑定人が行う判断が鑑定意見です。

証人は他にとって代わる人がいないので非代替的です。これに対して、鑑定人は専門的な知識または経験則に基づく意見を述べる者ですから、鑑定事項について必要な知識・能力を持つ者であれば誰であってもよいわけで、代替的です。したがって、証人とは違って、鑑定には勾引の制度はありません

（061参照）。また、鑑定人には代替性があることから、**欠格事由**とともに**忌避事由**があります。

鑑定は裁判所によって命じられた鑑定人が鑑定事項について鑑定意見を報告することによって行います。この鑑定意見は書面または口頭で行います。注意すべきことは、鑑定意見を書面で報告するときでも、鑑定という証拠調べは鑑定人を証拠方法として扱っているのであって、鑑定人は人証の一種であるということであり、その書面が書証となるわけではありません。

鑑定に必要な学識経験を有する者は、一般に鑑定をする義務を負います。この義務は、裁判所の命令がある場合にそれに協力する義務であり公法上の義務と解されています。

鑑定の手続

■鑑定の申出

①鑑定は当事者の申出により実施します。職権による鑑定は否定されています。

②当事者は鑑定の申出に際して、鑑定を求める事項を記載した書面を提出し

なければなりません。この書面は相手方に直送し、相手方はこの書面について意見があれば意見を記載した書面を裁判所に提出しなければなりません。

■鑑定の申出の採否

鑑定の申出を採用するか否かは裁判所がその必要性を判断して裁量により決定します。裁判所は、鑑定の申出書面と相手方の意見を考慮したうえで鑑定事項を定め、これを鑑定人に送付します。鑑定人は、受訴裁判所、受命裁判官または受託裁判官が指定します。

■鑑定人の宣誓

裁判所は鑑定人に鑑定を命じる場合、宣誓をさせなければなりません。宣誓は、①期日に出席して行うか、②書面申請（宣誓書を裁判所に提出する）によって行います。宣誓をさせない場合にはその旨およびその理由を口頭弁論調書に記載しなければなりません。

■鑑定人の陳述

裁判長は鑑定の結果について鑑定人に、書面または口頭で意見を述べさせることができます。

ポイント

【証人と鑑定人】

鑑定人は、証人と異なり、代替的である。

	証人	鑑定人
指定	当事者	裁判所
勾引	○	×
忌避	×	○

ミニテスト

1 裁判所は、当事者の鑑定人の指定に拘束されない。
2 鑑定意見を書面で報告したときは、書証となる。
3 鑑定人には、証人と異なり、宣誓義務はない。

解答 1 ○
2 × 鑑定意見を書面で報告するときでも、鑑定は鑑定人を証拠方法として行われる証拠調べです。
3 × 鑑定人には、宣誓義務があります（民事訴訟法規則131条）。

064 書証

文書を対象にした証拠調べです

> **Q** 書証がなぜそんなに重要なの？
>
> **A** 社会において文書のもつ役割が大きいからだよ。

書証の意義

書証とは、裁判官が文書を閲読してそこに記載されている意味内容を証拠資料とするために行われる証拠調べです。ここにいう文書とは、文字その他の記号によってそれを作成した者の思想が表現されている有体物をいいます。有体物ですから、その媒体は紙に限られません。文書を証拠調べの対象とする場合であっても、そこに記載されている意味内容を対象とするのではなく、文書の紙質や筆跡などを対象とする場合は検証という証拠調べです。

また、図面や写真あるいは録音テープなどにより、情報を表現したものは、本来文書ではありませんが、様々な情報を表現するものである点では文書に類していますので、これらは準文書として扱われ、書証（文書の取調べ）の方法が準用されています。

文書の種類

■公文書・私文書

文書を作成した者による分類です。公文書は、公務員がその職務の執行として作成した文書であり、それ以外の文書はすべて私文書です。

■処分文書と報告文書

処分文書とは、当該文書によって証明しようとする法律上の行為が直接その文書によってなされたものをいいます。報告文書とは、作成者が経験した見聞・判断・感想を記載した文書をいいます。

■原本・正本・謄本・抄本

原本は、文書作成者が最初に作成した確定文書であり、基本的な文書としての意義を持ちます。正本は公官署が特に正本として作成した写しであり、法律上原本と同じ法的効力を有する文書です。謄本は原本の内容をそのまま写した文書、抄本は原本の一部を抜粋した文書です。

文書の証拠能力と証拠力

（1）文書の証拠能力

文書が証拠方法となりうる資格を文書の証拠能力といいます。この文書の証拠能力には制限がありません。したがって、紛争発生後に、挙証者自らが作成した文書であっても、証拠能力が否定されるわけではありません。

（2）文書の証拠力

　文書に基づいて事実を証明するためには、第1に、その文書が、その文書を作成したとされる人の思想を表していると認められることが必要です。たとえば、その文書が、挙証者のいう「Aさん」が本当に作成した文書であると認められることです。もしかしたら、Bさんが作成した文書かもしれないのです。そして、挙証者が文書の作成者だと主張する人の意思に基づいて作成されたと認められた文書を「真正に成立した文書」といい、その文書には形式的証拠力があるといいます。

　文書はその成立が真正であることについて証明が必要であり、その証明責任は挙証者が負います。文書が形式的証拠力を持つか否かは自由心証主義に基づいて判断されます。

ポイント

【処分文書と報告文書】

処分証書	判決書　売買契約書　遺言状
報告証書	日記　メモ　診断書　戸籍謄本　会計帳簿　領収書

 ミニテスト

1　紛争発生後に挙証者が作成した文書は、証拠能力が否定される。
2　文書の証拠調べの方法は、これに記載されている内容を証拠資料とする場合には書証であり、その外形、存在を証拠資料とする場合には検証である。
3　文書が証拠方法となりうる資格を文書の証拠力という。

解答　1　×　文書の証拠能力には制限がありません。
　　　2　○
　　　3　×　文書が証拠方法となりうる資格を文書の証拠能力といいます。

065 二段の推定

文書は本人の意思により作成されたかどうかが重要です

Q 二段の推定って何のこと？

A 文書の成立の真正について推定が２回使われることだよ。

二段の推定の意味

文書は、民事訴訟において証拠として重要な役割を果たします。とくに、契約書のような処分証書の場合には、その存在が訴訟の勝敗を決することも多くあります。ただ、文書の成立の真否に争いがある場合には、挙証者は文書の成立の真正について証明責任を負います。その認定は、裁判官の自由心証に基づきますが、一定の文書についてはその真正が推定されています。

たとえば、文書の方式および趣旨により公務員が職務上作成したものと認められる場合、その文書は真正に成立したものと推定されます。

そして、私文書も、本人またはその代理人の署名または押印があるときは、真正に成立したものと推定されます。

文書に署名または押印がある場合、署名・押印が作成者本人または代理人のものであることが証明されたら、文書全体の真正が推定されるわけです。しかし、これは当該文書への署名または押印がその本人または代理人の意思によってなされたものであることを前提としますから、単に文書に署名または押印があるだけで当然に文書全体の真正が推定されるとするわけにはいきません。

この点、私文書に押印された印影が、作成者の実印の印章の印影である場合には、反証のない限り、この印影はその者の意思に基づいて押印されたものと推定されます。これは、実印に対する慎重な保管慣行に照らして、私文書中の印影が本人または代理人の印章による印影と一致したときは、押印が本人または代理人の意思によってなされたといえるという経験則に基づきます。そして、この推定がなされる結果、その文書には民事訴訟法228条4項の適用によって文書の成立の真正に関する推定が働くことになります。

つまり、

印影が印章と同一である

↓

意思に基づき押印したことが推定される

↓

文書成立の真正が推定される

ということであり、推定が二段階で

なされていますので二段の推定といいます。

たとえば、Aは、Bの連帯保証人になった覚えはないのに、連帯保証債務を請求してきたCが所持する金銭借用証書の連帯保証人欄にはAの名前が書かれているとともに、Aの実印の印影があったという場合を考えてみましょう。この場合、金銭借用証書という契約書に押印された印影は、Aの実印によるものであることから、二段の推定によりその借用証書は真正に成立したものと推定されます。

文書の実質的証拠力

文書は、形式的証拠力を有する文書であってはじめて実質的証拠力が問題になります。実質的証拠力とは、形式的証拠力を有する文書が、その記載内容により係争事実の真否について、裁判官の心証形成に与える効果のことです。契約書であれば、当該文書に記載された内容の契約が締結されたという事実についての証拠力が当該文書にあるか否かの問題です。これは、裁判官の自由心証によって決定されます。

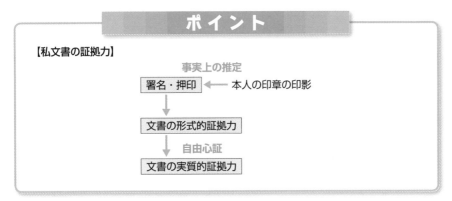

ポイント

【私文書の証拠力】

事実上の推定

署名・押印 ← 本人の印章の印影

↓

文書の形式的証拠力

↓ 自由心証

文書の実質的証拠力

ミニテスト

1 文書の方式および趣旨により公務員が職務上作成したものと認められる場合には、その文書は真正に成立したものと推定される。
2 私文書は、その成立が真正であることを証明しなければならない。

解答 1 ○ 228条2項。
2 ○ 文書は、その成立が真正であることを証明しなければなりません。（228条1項）。

066 書証の手続

文書を申立人が所持している場合と相手方または第三者が所持している場合とで取扱いが異なります

> **Q** 第三者が所持している文書を提出させる方法ってあるの？
>
> **A** 文書提出命令や文書送付嘱託があるよ。

書証の申出

書証は、当事者（挙証者）が裁判所にその申出をすることによって開始します。その際、書証の対象となる文書を誰が所持しているかによって異なる取扱いがなされます。

（1）挙証者が自ら文書を所持している場合には、挙証者は所持しているその文書を直接裁判所に提出して当該文書の取調べを求めれば足ります。

（2）書証の対象となる文書を相手方当事者または第三者が所持する場合には、挙証者が裁判所に文書提出命令を発するように求めて、これらの者から裁判所に当該文書の提出をさせてもらい、証拠調べを行います。

文書提出命令により提出を強制するためには、文書の所持者に当該文書を裁判所に提出すべき義務（文書提出義務）が存在しなければなりません。

民事訴訟法220条は、1号から3号で、個別的に次に掲げる文書の所持者は、その提出を拒むことができないとしています。

①引用文書は、その訴訟で当事者が引用した文書です。したがって、これを自ら保有する当事者が裁判所に提出しても何ら不利益はありません。

②引渡しまたは閲覧請求権のある文書は、引渡しまたは閲覧請求権に基づいて別途訴訟を提起するのは煩雑なので、訴訟手続内で直接提出義務の履行を求めることができるとしたものです。

③利益文書とは、挙証者のために作成された文書をいいます。法律関係文書とは、挙証者と文書の作成者との間の法律関係について作成された文書をいいます

④そして、民事訴訟法220条4号は、一定の除外事由を設けたうえで一般的な文書の提出義務を認めています。その除外事由とは、刑事訴追の可能性がある文書、公務上の秘密文書、職業上の秘密文書、内部文書です。

文書提出命令の申立手続とその裁判

（1）文書提出命令の申立ては、書面により、①文書の表示、②文書の趣旨、③文書の所持者、④証明すべき事実、⑤文書の提出義務の原因を明らかにしてしなければなりません。これら

のうち、①②に掲げる事項を明らかにすることが著しく困難な場合の手当てが民事訴訟法222条で規定されています。

（2）裁判所は、文書提出命令の申立てに対して審査し、その理由が認められるときは決定でその所持者に提出を命じます。

　なお、提出を求められている文書が所持者にとっての秘密事項を記載していると文書所持者が主張する場合、裁判所が秘密手続で直接当該文書を閲読して審査を行うことができます。この秘密文書に該当するか否かの審査は、裁判所の執務室などで行われます。この手続は、専ら民事訴訟法220条4号

の除外事由の判断のために設けられたものであり、この手続で証拠調べの必要性自体を併せて判断することはできません。

（3）文書提出命令の申立てに対する決定に対しては、即時抗告ができます。

文書提出命令違反の効果

（1）当事者が命令に従って文書を提出しなかった場合、裁判所は当該文書の記載に関する相手方の主張を真実と認めることができます。

（2）第三者が文書提出命令に従わないときは、裁判所は、決定で、20万円以下の過料に処します。

ポイント

【文書の提出方法】
- ❶所持する文書を提出する
- ❷文書提出命令による
- ❸文書の送付嘱託による

ミニテスト

1　当事者が命令に従って文書を提出しなかった場合、20万円以下の過料の制裁を受ける。

2　文書の所持者が文書提出命令に従わないときは、裁判所は、その文書の記載に関する申立人の主張を真実と認めることができる。

解答　1　×　20万円以下の過料の制裁を受けるのは第三者です（225条1項）。

　　　2　×　当事者の場合にはあてはまりますが、文書の所持者が第三者である場合にはあてはまりません（224条1項）。

067 自由心証主義

事実の認定は裁判官の自由な心証に委ねられます

Q なぜ自由心証主義が採用されているの？

A 真相解明に優れていると考えられているからだよ。

自由心証主義の意義

自由心証主義とは、事実の認定につき、訴訟の審理に現れたすべての資料・模様・状況に基づいて裁判官が自由に形成する心証に委ねる建前をいいます。

自由心証主義と対置される建前として、法定証拠主義があります。これは、証拠に関する法則をあらかじめ法定しておいて、それに従って事実認定をしていく建前です。裁判官の資質が不揃いの場合には、法定証拠主義によれば、裁判官の独断や無責任な判断を抑制することができます。しかし、生活関係が複雑・多様化した現在では、法定証拠主義によると、かえって事案の真相から遠ざかることにもなりかねません。そこで、裁判官の資質が向上してきた近代以降の訴訟法は、裁判官の知見を信頼し、その自由な判断に任せるという自由心証主義を採用しているのです。

自由心証主義の内容

（1）民事訴訟法247条

民事訴訟法247条をみると、裁判所は①証拠調べの結果と②弁論の全趣旨を斟酌して、③自由な心証により事実を認定することができる、と書いてあります。心証形成のために用いることのできる資料（証拠原因たる資料）は、証拠方法の取調べから裁判所が感得した証拠資料と弁論の全趣旨ということです。これらを証拠資料として、証拠力の自由な評価が許されることが自由心証主義の内容です。

なお、証拠調べの結果と弁論の全趣旨との間に優劣はありません。

（2）証拠方法の無制限

自由心証主義では、証拠方法に制限はなく、あらゆる人、物を証拠方法にすることができます。すなわち、当事者が申し出る証拠方法につき特に制限を設けず、そこから引き出される証拠資料をどの程度信用するかを裁判官に任せているわけです。

ただし、手続の明確性・画一性や迅速な処理の要請などから、明文上および解釈上、証拠方法が限定されている場合があります。

明文上の制限としては次のようなものがあります。①法定代理権または訴

訟行為をするのに必要な授権、訴訟代理権、選定当事者の選定および変更は、書面で証明しなければなりません。②口頭弁論の方式の遵守を証明するための証拠方法は口頭弁論調書に限定されています。③疎明や少額訴訟では即時に取り調べることのできる証拠方法に限定されています。④手形・小切手訴訟では証拠調べは書証に限定されています。

また、**違法収集証拠**や**証拠制限契約**がなされた場合、解釈上証拠方法が制限されることになります。証拠制限契約については該当箇所を参考にして下さい（**047**参照）。

（3）弁論の全趣旨の斟酌

弁論の全趣旨とは、口頭弁論に現れた、証拠資料以外の一切の資料・模様・状況であり、当事者や代理人の弁論内容はもちろん、その陳述の態度をも含みます。あやふやな陳述であったとか、訂正したとか、撤回したとかの態度・状況、攻撃防御方法の提出時期、釈明処分によって得られた資料なども含まれます。

（4）証拠力の自由な評価

証拠の証拠力の評価は、裁判官の自由な心証に委ねられています。ただし、その判断は、恣意的な事実認定を避けるため論理則および経験則に従ったものでなければなりません。

ポイント

【自由心証主義】

証拠方法の無制限（原則）

例外 ─
- ❶法定代理権・訴訟行為をするのに必要な授権・訴訟代理権・選定当事者の選定
- ❷口頭弁論の方式の遵守を証明するための証拠方法
- ❸疎明・少額訴訟の証拠
- ❹手形・小切手訴訟の証拠調べ

証拠力の自由評価

証拠の証拠力の評価は裁判官の自由な心証に委ねられる

ミニテスト

1　裁判所は、証拠調べの結果だけでなく、弁論の全趣旨からも事実を認定することができる。

2　自由心証主義の下では、弁論の全趣旨のみで事実を認定することも許される。

解答　1　○　247条。

　　　　2　○　247条。弁論の全趣旨から心証を形成できれば、証拠調べを行う必要はありません。

068 損害額の立証が困難な場合

損害の性質上、損害額を立証するのが極めて困難な場合について救済規定が設けられています

Q 裁判で損害賠償を請求するには、損害額まで立証する必要があるの？

A 原則として損害発生の事実と損害額についての立証が必要となります。

損害額立証の困難性

不法行為（民法709条）に基づく損害賠償請求をするためには、原告は、①故意または過失の存在、②違法性の存在、③因果関係の存在とともに④損害の発生を主張・立証する必要があります。

原告は、これらすべての事実について証明責任を負い、損害が発生した事実とともに、その損害額が具体的にいくらかをも証明する必要があり、損害額を証明できなければ、結局、その訴訟で敗訴することになります。

しかし、事件によっては、損害が発生したこと自体は証明できても、その具体的な損害額の証明が極めて困難な場合もあります。それにもかかわらず、損害額について常に原告に証明を要求するとすれば、原告に極めて酷な結果をもたらし、ひいては裁判への信頼をも動揺させるおそれがあります。

そこで民事訴訟法248条は、裁判所は損害の発生したことが認められると判断した場合には、損害額を認定することができるとしたのです。

民事訴訟法248条の適用

民事訴訟法248条による相当な損害額認定のための要件は、①損害の発生が認められること、②損害の性質上その額の立証が極めて困難なことの2つです。

損害が生じたこと自体が不明確な場合には民事訴訟法248条の適用はありません。また、単に損害額算定の資料となる証拠方法が手に入らなかったというだけでは足りず、損害の性質上、その額の立証が困難な場合でなければなりません。損害の認定が困難な場合にも様々な場合がありますが、それらすべての場合に民事訴訟法248条が適用されるのではないことには注意が必要です。

最高裁判例

最高裁は、採石業を営むXが、Yの採石行為によって採石権が侵害されたとして、Yに対し、不法行為に基づく損害賠償を求めた事案において、損害額の立証が極めて困難であったとしても、民事訴訟法248条により、口頭弁論の全趣旨および証拠調べの結果に基

づいて、相当な損害額が認定されなければならないとしました（最判平20.6.10）。

この判例を導いた論理は「不法行為に基づく損害賠償請求訴訟において、原告に損害が発生したことが認められる場合、損害額の立証が極めて困難であったときは、裁判所は、民事訴訟法248条により相当な損害額を認定しなければならない」と一般化しうるといわれています。

民事訴訟法248条の性質については、証明度を軽減したものと理解するか、それとも、損害額の認定は、事実の存否の問題ではなくて、損害の金銭的評価の問題であると捉えたうえで、損害額の確定を裁判所の裁量に委ねたものであると理解するのかという点で見解が分かれていましたが、最高裁は後者の立場を示したものであるといわれています。

ポイント

【民事訴訟法248条の適用要件】
❶損害の発生が認められること
❷損害の性質上その額の立証が極めて困難なこと

ミニテスト

1　不法行為の被害者は、損害額を立証するための証拠方法の入手が困難な場合、損害額を立証しなくてもよい。
2　損害の発生の有無が不明確な場合には、民事訴訟法248条の適用によって原告は損害の発生の立証を免れる。

解答　1　× 損害の性質上その額の立証が極めて困難なことを要します。
　　　2　× 損害が生じたこと自体が不明確な場合には民事訴訟法248条の適用はありません。

069 証明責任

証明責任は自由心証の尽きたところで裁判することを可能にするための工夫（法技術）です

Q 証明責任の所在は動かないってどういう意味なの？

A 当事者の立証活動によって「原告から被告へ。被告から原告へ」などと動くことはないってことだよ。

証明責任の意義

　裁判においては、裁判官が心証を形成できず、ある事実の存否が明らかにならない場合があります。ある事実の存否が不明な状態を真偽不明といいます。憲法は裁判を受ける権利を保障していますから、この裁判を受ける権利に応えて、真偽不明の場合でも、裁判所は裁判しなければなりません。真偽不明の場合に、裁判の拒否を回避して裁判をするための工夫が証明責任です。ある事実が存在するかどうかが分からないので、事実は存在しないものと仮定して裁判しましょうということです。真偽不明の事実は存在しないものと仮定するわけですから、証明責任は、ある事実が真偽不明の場合に、その事実を要件とする自己に有利な法律効果が認められないこととなる一方当事者の危険または不利益の負担となるのです。

証明責任の機能

①あらかじめ、どちらの当事者が証明責任を負うかは抽象的・客観的に決まっています。たとえば、ある事実について原告が証明責任を負う場合に、原告の立証活動の結果、裁判官が確信を形成しそうになれば、敗訴を免れようとする被告は、裁判官の心証を動揺させ真偽不明に追い込むために証拠を提出する必要に迫られます。しかし、これは、証明責任が原告から被告に移動したわけではなく、単に立証の必要が移動しただけです。

②証明責任は、必ず当事者の一方だけが負担します。

③証明責任は、事実の存否について裁判所が確信を抱くことができなかった場合に、はじめて問題になります。

④弁論主義だけでなく職権探知主義や法定証拠主義の下でも、真偽不明の事態はありえますから、証明責任という概念が必要です。

⑤証明責任は、ある事実が真偽不明の場合に裁判を可能にするための法技術ですから、法規の適用と直結する主要事実だけを問題とすれば足ります。

証明責任の分配基準

証明責任をいかに分配するかということは、いかなる要件事実につきいずれの当事者に証明責任を負担させるかということです。実定法は、明文で具体的に証明責任の分配基準を常に明示しているわけではありません。しかし一般的には各条文（法規）の表現内容により証明責任の分配基準を知ることができます。このように証明責任の分配基準について、条文の文言や実体法規の構造（相互の論理的関係など）に基準を求める考え方を法律要件分類説といいます。これは、一定の法律効果を主張する者がその効果の発生を基礎づける条文の要件事実について証明責任を負うとする考え方です。

具体的にいうと、法規は、①権利の発生を基礎づける権利根拠規定、②権利の発生を当初から妨げる権利障害規定、③いったん発生した権利を消滅させる権利滅却規定に分類することができます。

このうち、①は権利者と主張する者が、②③は義務者とされた者が各法規の要件事実につき証明責任を負うことになります。

ポイント

【証明責任】
　法規の適用を可能にするための技術的概念
❶所在は終始不動である。
❷訴訟活動や訴訟指揮の指標

1　証明責任は、職権探知主義のもとでは、不要な概念である。
2　証明責任は、事実の認定につき裁判官が確信を形成しそうになった場合に、敗訴を免れようとする当事者が負う。

解答　1　× 職権探知主義のもとでも真偽不明の事態はありうるので、証明責任は必要です。
　　　　2　× 証明責任の所在は、あらかじめ定まっています。

070 法律上の推定

経験則が反映されている条文を適用して行われる推定です

> **Q** 法律上の推定はどのような働きをするの？
> **A** 証明責任を軽減するんだよ。

推定の種類

推定とは、一般的にある事実から他の事実を推認することをいいます。

推定には、事実上の推定と法律上の推定があります。事実上の推定とは、間接事実から主要事実を推認して心証を形成するように、経験則を利用して推認することです。これは、自由心証の問題です。これに対して、法律上の推定とは、経験則が法規化され、法規の適用という形で行われる推定のことです。法律上の推定は、法律上の事実推定と法律上の権利推定とに分かれます。

法律上の事実推定

法律上の事実推定は、「前提事実Ａがあるときは、推定事実Ｂがあるものと推定する」と規定されている場合の推定をいいます。

たとえば、民法186条２項は、「前後の両時点において占有をした証拠があるときは、占有は、その間継続したものと推定する」と規定しています。この規定により「ある時点と別の時点において物を占有していたという事実」

があれば、「その間の占有の継続」という事実が推定されることになります。

```
前提事実 ──→ 推定事実
```

法律上の権利推定

法律上の権利推定は、推定されるものが事実ではなく権利または法律効果の場合です。

たとえば、民法188条は「占有者が占有物について行使する権利は、適法に有するものと推定する」と規定しています。

法律上の推定の機能

たとえば、民法162条１項は、「20年間、所有の意思をもって、平穏に、かつ、公然と他人の物を占有した者は、その所有権を取得する」と規定しています。そうすると、この時効取得を主張しようと思う者は、「占有」という要件事実を証明する場合に、①「20年間の占有の継続」を証明してもよいし、②民法186条２項の推定を利用して「ある時点の占有とその20年後の占

有」を証明してもよいことになります。

このように、法律上の推定を受ける者は、証明すべき事実を①にするか②にするかという選択が許されることになります。このことを証明主題の選択といいます。これが法律上の推定の第1の機能です。

そして、時効取得を主張しようとする者が、②を選択した場合、相手方は、ある時点ないしはその20年後の占有自体について反証してもよいし、占有の中断があったことを証明（本証）

してもよいことになります。法律上の推定により、相手方は「継続した占有」については、その推定される事実の不存在を証明しなければならないという意味で、証明責任の転換が図られているのです。これが法律上の推定の第2の機能です。このように、法律上の推定は、(a)証明主題の選択を可能にし、(b)証明責任の転換を生じさせるという機能を果たします。

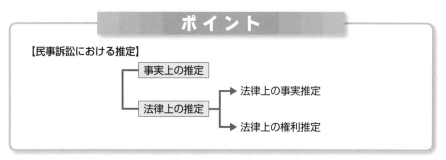

【民事訴訟における推定】

法律上の推定には、証明主題の選択と証明責任の転換の機能がある。

解答 ○

071 訴えの取下げ

訴えを取り下げると、訴訟は訴え提起の最初に遡って消滅することになります

> **Q** 訴えの取下げはいつまでできるの？
> **A** 判決が確定するまでだよ。

訴えの取下げの意味

訴えの取下げとは、裁判所に求めた審判の申立てを撤回する旨の原告の意思表示です。

訴えの取下げの要件

原告は判決が確定するまでの間、訴えの取下げをすることができます。判決が確定するまでなら、終局判決がなされた後でも、事件が控訴審・上告審に移審した後でも、訴えを取り下げることができるのです。

被告が、原告の請求に対し、本案について準備書面を提出し、弁論準備手続で申述しまたは口頭弁論（請求に理由があるか否かについての弁論）をした後は、**相手方の同意**を得なければ訴えを取り下げることはできません。応訴した被告は本案について請求棄却判決を求める利益があるからです。

訴えの取下げの方式

（1）訴えの取下げは、裁判所に対して書面で行うのが原則です。訴えの取下げが訴訟係属を消滅させるという重要な効果を伴うことから、原告の取下げの意思を明確にするためです。ただし、訴えの取下げ行為が口頭弁論期日、弁論準備期日または和解の期日において行われる場合には、原告の意思を直接裁判所または裁判官が確認することができるため、口頭で行うことができます。訴えの取下げに相手方の同意が必要な場合には、訴えの取下げの書面または調書の謄本を相手方に送達しなければなりません。

（2）訴えの取下げに対する被告同意の意思表示は書面または口頭で確定的にしなければならず、条件等を付すことはできません。

被告は、訴えの取下げの書面等が送達された日から2週間以内に異議を述べなければ、訴えの取下げに同意したものとみなされます。

訴えの取下げが口頭弁論等の期日において口頭でなされた場合に、相手方がその期日に出頭したときは訴えの取下げがあったその日から、出頭しなかったときは期日の調書の謄本の送達があった日から2週間以内に異議を述べなかった場合も同様です。

訴えの取下げの効果

（1）訴訟係属の遡及的消滅

訴えの取下げが有効になされると、原告の訴え提起行為が撤回されたことになりますから、いったん係属した訴訟手続も初めから係属していなかったものとみなされます。その結果として、訴え提起によって発生した訴訟法上の効果も原則として遡って消滅します。

（2）再訴の禁止

訴えの取下げがなされた場合には、初めから訴えが係属していなかったものとみなされるわけですから、原告は再度訴えを提起することもできるはずです。しかし、本案に対して終局判決がなされた後に訴えを取り下げた場合には、原告は、同一の訴えを提起することができません。これは、一般的に、裁判所の努力を無駄にしたことへの制裁だと理解されています。再訴禁止の効果が発生するのは、訴えの取下げが本案の終局判決後になされた場合です。ただし、この効力が生じるのは再訴が前訴と同一である場合に限られます。単に当事者や権利関係が同一であるというだけでなく、原告が訴えを提起する事情が同一であることが必要です。したがって、訴えの取下げ後に相手方の主張が変わり、争いが生じて新たな訴えの必要性が生じたのであれば、再訴は禁止されません。

ポイント

訴え取下げの要件
❶判決が確定するまで
❷被告が応訴した場合は、被告の同意が必要

訴えの取下げの効果
❶訴訟係属の遡及的消滅
❷再訴の禁止

ミニテスト

1　訴えの取下げは必ず書面でしなければならない。
2　訴えは、判決が確定するまで取り下げることができる。

解答　1　×　口頭弁論期日、弁論準備期日または和解の期日においては、口頭で行うことができます（261条3項ただし書）。

　　　　2　○

143

072 請求の放棄・認諾

判決によらずに訴訟を終了させる当事者の訴訟行為です

Q 請求の放棄と訴えの取下げは違うの？

A 請求の存否について紛争解決の基準を残すのが請求の放棄、残さないのが訴えの取下げだよ。

請求の放棄・認諾の意義

請求の放棄・認諾は、処分権主義の訴訟終了面における現れであり、いずれも判決に至らずに訴訟を終了させる当事者の訴訟上の行為です。

請求の放棄とは、原告が自ら定立した請求を維持しない旨の法律上の陳述であり、裁判所に対して行う訴訟行為です。これに対して、請求の認諾とは、被告が原告の定立した請求を認める旨の法律上の陳述であり、被告の裁判所に向けた訴訟行為です。

請求の放棄も認諾も、その法的性質は、純然たる訴訟法上の行為とする見解が通説です。なぜならこれらの行為が訴訟手続の中で行われ、直接に訴訟手続を終了させる効果を有するからです。請求の当否について当事者間において一致がみられるのですから、その一致したところに従い、紛争の解決を図るものです。

請求の放棄・認諾の要件

（1）請求の放棄も請求の認諾も、裁判所に向けられた訴訟行為です。そこで、請求の放棄・認諾が有効になされるためには、訴訟行為として必要な要件を備える必要があります。

（2）請求の放棄・認諾の前提要件として、訴訟要件が備わっていることが必要か否かが問題になりますが、最高裁によると、不適法な訴えにおいてなした請求の認諾は訴訟法上の効果を生じないものとされています。

（3）請求の放棄の場合には原告に、また請求の認諾の場合には被告に、それぞれ訴訟物たる権利関係について実体法上の処分権限がなければなりません。

請求の放棄・認諾の方式

請求の放棄・認諾の意思表示は、口頭弁論期日、弁論準備期日、和解期日において出頭した当事者がこれを直接に行うことができます。

裁判所または裁判官は、当事者がこれらの行為を有効にしたことを確認したならば、裁判所書記官に命じて調書に記載させます。

請求の放棄・認諾の効果

　原告による請求の放棄、被告による請求の認諾の旨の記載がなされた調書はそれぞれ、**放棄調書**、**認諾調書**と称されます。請求の放棄・認諾が調書に記載されると、その記載は「確定判決と同一の効力」を有します。そこで、請求の放棄・認諾が既判力を有するか否かについては争いがあります。判例の立場は、有効に請求の放棄・認諾がなされた場合に既判力が発生するとする立場です（**制限的既判力説**）。この立場からは、放棄・認諾の意思表示に錯誤等の瑕疵があったような場合には、再審事由にあたる事由がなくても、当事者は放棄・認諾の無効等を主張して、手続の続行を求めることができることになります。

ポイント

【訴えの取下げと請求の放棄・認諾の違い】

	訴えの取下げ	請求の放棄・認諾
訴訟終了効	あり	あり
紛争解決基準の提示	なし	あり
相手方の同意	一定の場合に必要	不要
既判力	なし	有効に放棄・認諾がなされた場合にのみ既判力あり

第5編　訴訟の終了

ミニテスト

1　請求の放棄・認諾は、裁判所書記官が調書に記載することによって「確定判決と同一の効力」が生じる。
2　請求の放棄は、株主総会決議取消訴訟においてもすることができる。

解答　1　○　267条。
　　　　2　○　原告敗訴の場合は対世効が生じないので請求の放棄をすることはできます。

073 訴訟上の和解

訴訟係属中に当事者が譲り合って争うのをやめることです

> **Q** 訴訟上の和解には強制力があるの？
> **A** 有効になされた和解には、強制執行をする効力があるよ。

訴訟上の和解とは

　訴訟上の和解は、当事者が訴訟物たる権利または法律関係につき互譲（互いに譲り合うこと）することによって、当事者間の対立が解消し、これによって訴訟手続が終了するものです。

　この訴訟上の和解のほかに、**起訴前の和解**があり、あわせて**裁判上の和解**といいます。民法上の和解と区別するために、「裁判上の」という言葉が用いられます。

　裁判所は、訴訟がいかなる段階にあるかを問わず、和解を試み、または受命裁判官もしくは受託裁判官に和解を試みさせることができます。

裁判上の和解 ┬→ 起訴前の和解
　　　　　　 └→ 訴訟上の和解

訴訟上の和解の要件

（１）訴訟上の和解が有効に成立するには、当事者が審判対象を自由に処分できることが必要です。また、和解の内容については、それが公序良俗に反しないこと、その他法令の定めに反しないことが必要です。

　当事者双方が「互譲」するという点については、一方の極に訴訟物である権利関係について互譲が必要だとする見解、他方の極に何らかの点で互譲があれば訴訟物についての互譲は必要でないとする見解があり、その間には様々な見解があります。

（２）訴訟上の和解が成立するための手続上の要件としては、
①訴訟が係属していること
②当事者に訴訟能力があること
③訴訟代理人が選任されている場合には訴訟代理人に和解を締結する特別の権限が付与されていること
が必要です。訴訟要件については、少なくとも、そのすべての訴訟要件を具備する必要はないと考えられています。

訴訟上の和解の効果

　裁判所は和解の要件が存在することを確認し和解が調ったと判断した場合には、裁判所書記官にその旨を弁論調書に記載させます。

　裁判所等が定める和解条項の裁定においては、その内容を当事者双方に告

知したときに和解が調ったものとみなされます。

　和解が成立しその調書が作成されたら、訴訟手続は終了し、その和解条項に従って実体法上の効果が発生します。

　和解調書に既判力（080参照）が生じるのかという点については、請求の放棄・認諾と同様に争いがあります。学説は、訴訟上の和解の効力の基礎は当事者の意思の合致にあるとして、既判力を否定する見解が通説となっています。しかし、最高裁は、和解調書に既判力を認めていますが、もしその和解に私法上の無効・取消しの原因があるときには、既判力を生じないとする考え方です（制限的既判力説）。

　この判例の立場によると、和解手続に私法上の無効や取消しの原因があった場合には、当事者は、和解の無効・取消しを主張することができるとされています。

ポイント

【訴訟上の和解】

訴訟終了効	あり
紛争解決基準の提示	あり
当事者の同意	両当事者の合意
既判力	有効に和解がなされた場合にのみ既判力あり

ミニテスト

1　裁判所は、口頭弁論終結後、判決の言渡しまでの間においても、和解を試みることができる。

2　裁判所が定める和解条項の裁定においては、その内容を当事者双方に告知したときに和解が調ったものとみなされる。

解答　1　○　89条。

　　　　2　○　265条5項。

074 裁判の種類

裁判とは、裁判機関が行う訴訟行為です

Q 裁判の種類には何があるの？

A 判決、決定、命令があるよ。

裁判という概念

民事訴訟制度では、裁判所の終局判決によって事件の解決を図ります。これが法の予定した訴訟が終了する基本型といえます。

裁判とは、裁判機関が行う訴訟行為（意思表示）です。ここで重要なことは、手続上は同じ判断行為としての性格を持つものであっても、裁判機関以外の裁判所書記官や執行官によって行われる判断行為は、裁判と区別して処分といわれています。

判断行為（意思表示）

裁判所・裁判官 → 裁判
書記官・執行官 → 処分

また、裁判機関が行う行為のうち、弁論の聴取、証拠の取調べ、判決言渡しなどは、事実行為であり、裁判とは明確に区別しなければなりません。

裁判の種類

裁判には、判決・決定・命令があります。判決と決定は、裁判機関としての裁判所がなす裁判です。裁判機関としての裁判所とは、合議制の場合には合議体を指します。単独制では単独裁判官を指します。

判決は、当事者の申立てのうち重要な事項（民事訴訟手続の最も根幹の事項）につき裁判所が下す判断です。また、原告が求める請求について最終的な判断を下す場合や手続の中間で争いになった事項について判決の形式で裁判をする場合があります。前者を終局判決、後者を中間判決といいます。

これに対し、決定は、裁判機関としての裁判所が行う裁判という点では、判決と同じですが、訴訟指揮や手続の付随的な事項に関して行う裁判です。訴訟指揮に関する決定はいつでも取り消すことができます。

判決 → 当事者の申立てのうち重要な事項
決定 → 訴訟指揮や手続の付随的事項

判決によって裁判をするには原則として口頭弁論を開く必要があるわけですが、決定では、口頭弁論を開くか否かは裁判所の裁量に委ねられています。この点については該当箇所を参考にして下さい（032、034参照）。

判決の場合、言渡しが必要であり、言渡しは原則として判決書の原本に基

づいて行わなければなりません。一方、決定の場合は、言渡しは必要ではなく、相当と認める方法で告知すれば足ります。

不服申立ての方法は、判決の場合には、第一審判決に対する不服申立ては控訴、第二審判決に対する不服申立ては上告です。決定に対する不服申立ての方法は抗告または再抗告です。

命令は、決定と同じく、訴訟指揮および派生的に発生した事項について裁判官が行う裁判です。

ポイント

【裁判の種類】
〔判断主体〕
　　裁判所→判決・決定
　　裁判官→命令

〔決定〕
　　訴訟指揮の裁判
　　❶特別代理人の選任・解任
　　❷弁論の制限・分離・併合
　　訴訟手続の附随的な事項
　　❶移送の決定
　　❷除斥・忌避の裁判
　　❸受継についての裁判
　　❹文書提出命令
　　❺第一審裁判所による控訴の却下
　　❻原裁判所による上告却下

〔命令〕
　　❶期日の指定
　　❷訴状却下の命令
　　❸控訴状の審査
　　❹原裁判所裁判長による上告状の審査

ミニテスト

文書提出命令の裁判としての性質は決定である。

解答　○

075 判決の種類〜中間判決

審理の途中で、中間的な争いについて判決をして審理を整理する制度です

> **Q** 中間判決はどういう機能をもつの？
> **A** 審理を整理して訴訟を促進する機能をもつんだよ。

判決の種類

判決はさまざまな観点から分類されます。その訴訟が係属している裁判所での審理を完結させるか否かという観点から、中間判決と終局判決とに分類され、終局判決は、審理を完結する範囲を基準にして全部判決と一部判決とに分類されます。さらに、本案についての判断なのかどうかという判断内容の観点から本案判決と訴訟判決とに分類されています。

中間判決

（1）中間判決とは、訴訟の審理中、審理を整序（整理して順序を明らかにするという意味）するために、特定の争点について、終局判決に先立って解決しておくための判決です。手続の過程で生じた中間的な争いに裁判所が判断を示して、審理を整理し促進を図る点に意義があります。中間判決は、独立した攻撃または防御方法、その他中間の争い、請求の原因および数額について争いがある場合における、その原因についてなす裁判であり、これらの事項の存否について確認する確認判決

です。

中間判決は、訴訟指揮の一環として裁判所がその裁量に基づいてなす裁判ですから、裁判所は中間の争いについて中間判決を行わずに終局判決で判断をすることも許されます。中間判決は当事者の申立てに基づいて行われるわけではありません。

（2）中間判決の対象とされる事項には、次の3種類の事項があります。

> ①独立した攻撃防御方法
> ②中間の争い
> ③請求の原因

①独立した攻撃防御方法

本案に関する争点のうち、他の攻撃防御方法から独立して判断できる攻撃防御方法をいいます。

たとえば、貸金返還請求訴訟で被告が弁済・消滅時効などの抗弁を主張している場合、各主張（弁済したという抗弁、消滅時効の抗弁）は独立した攻撃防御方法です。

②中間の争い

訴訟要件の存否、訴え取下げの効力、上訴の適否に関する争いのよう

に、訴訟手続の進行に関して当事者間で争われている事項で口頭弁論に基づいて判断すべき事項です。その争いについて判断することによって直ちに訴訟手続を終結すべき場合には終局判決をしなければなりません。たとえば、訴訟要件の欠缺（けんけつ）が判明したときなどです。

③請求の原因

たとえば、不法行為に基づく損害賠償請求訴訟で、その請求の原因と金額の双方に争いがある場合、請求に原因がなければ、損害賠償額について算定をすることは無駄となってしまいます。そこで、請求の原因についてまず中間判決をすることができるとされました。この請求原因事実の存在を認める判決を原因判決といいます。原因の存在が認められない場合は、請求棄却判決をします。

（3）中間判決は、訴訟物たる権利・法律関係について裁判をするのではありませんから、中間判決に既判力は認められていません。しかし、中間判決をした裁判所は、その主文で示した判断に拘束され、これを前提として終局判決をしなければなりません。

（4）中間判決に対して独立した上訴は認められていません。中間判決を前提として判断された終局判決に対する上訴の中で、中間判決に対する不服も申し立てることができるにすぎないのです。

ポイント

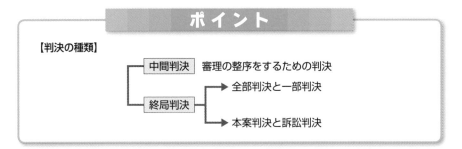

【判決の種類】

- 中間判決　審理の整序をするための判決
- 終局判決
  - → 全部判決と一部判決
  - → 本案判決と訴訟判決

ミニテスト

1　中間判決は、訴訟の途中で裁判所が裁量でなす裁判である。
2　中間判決にも既判力がある。
3　中間判決に対して独立した上訴は認められない。

解答　1　○　245条。
　　　　2　×　中間判決は終局判決ではないから既判力は認められません。
　　　　3　○　283条参照。

076 判決の種類〜終局判決

訴訟を終了させる判決です

> **Q** いわゆる門前払い判決とは、どんな判決なの？
>
> **A** 訴えが適法であるか否かについて判断する終局判決だよ。

終局判決

審理を整序するために用いられる中間判決に対して、終局判決は訴訟を終了させる判決です。

終局判決は、係属する訴訟の全部またはその一部について当該審級での手続を完結します。訴訟を終了させる裁判ですから、判決・決定・命令という裁判形式のうち、一番慎重な手続で用いられる判決の形式で行われます。終局判決をなすためには、訴訟の全部または一部について裁判に熟する（077参照）ことが必要となります。

訴訟判決と本案判決

終局判決は、その内容により、訴訟判決と本案判決に分けることができます。訴訟判決は、いわゆる門前払い判決といわれるもので、訴えが訴訟要件を欠いていて不適法であると判断された場合に用いられる判決です。本案を判断するための前提となる訴訟要件を欠いていることから本案についての判断を拒否する判決であり、「訴えを却下する」との形式の判決です。

本案判決は、訴えが適法か否かとい

ういわば前哨戦を無事にパスして、本案、すなわち訴訟物である権利・法律関係について判断した判決です。原告の申立てを認容する場合、本案判決には、訴えの類型に応じて、給付判決、確認判決、形成判決がなされます。給付の訴えでは、請求認容判決は、たとえば「被告は、原告に対し金1000万円を支払え」という主文の判決となります。これに対し、請求を棄却する判決は「原告の請求を棄却する」となります。請求を棄却する判決は、確認判決の性質を持ちます。この本案判決によって、紛争の本来的な解決がもたらされるのです。

全部判決と一部判決

終局判決は、審理を完結する範囲を基準にして全部判決と一部判決に分類されます。

その事件の審判事項の全部について判断をする場合を全部判決といい、その事件の審判事項の一部を他の部分から分離して、その一部についてのみ裁判する場合を一部判決といいます。

一部判決は、複雑な訴訟の審理を整

序し、事件の処理を迅速にするとともに、部分的とはいえ、できるだけ早く当事者に紛争解決を得させることを目的とした制度です。

その反面、一部判決につき上訴があると、もともと1個の事件であったものが、2個の訴訟手続に分かれて審判されることになり、かえって不便、不経済をもたらすことになります。そこで、民事訴訟法は一部判決を行うか否かは、裁判所の裁量であるとしています。しかし、裁判所のこの裁量にも限界はあります。一部判決と残部判決との間に密接な関連性があるために内容上の矛盾を生じるおそれがあるような場合には、一部判決は許されません。

予備的併合（086参照）の場合に、主位的請求（主位請求）だけを棄却する一部判決は許されません。

通常共同訴訟（089参照）の場合には相互に独立性があるので原則として一部判決は許されますが、通常共同訴訟であっても同時審判の申出（090参照）がある場合には常に同時審判が必要とされますから、一部判決をすることはできません。

裁判の脱漏と追加判決

裁判所が無意識的に実質的に一部判決をしてしまう場合を裁判の脱漏といいます。裁判の脱漏の場合、脱漏部分はなお当該裁判所に係属しています。したがって、裁判所は、職権または申立てにより、追加判決をしなければなりません。前の判決と追加判決とは別個独立の判決であって、上訴期間は別個に進行します。

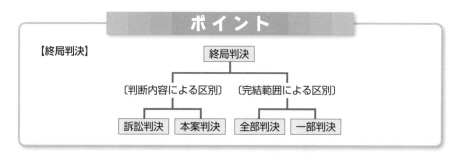

ポイント

【終局判決】

```
                    終局判決
        ┌──────────────┴──────────────┐
  〔判断内容による区別〕        〔完結範囲による区別〕
     ┌────┴────┐            ┌────┴────┐
  訴訟判決  本案判決        全部判決  一部判決
```

ミニテスト

1　訴訟の一部が裁判をするのに熟したときは、裁判所は、その一部のみについて終局判決をすることができる。

2　請求を棄却する判決は、確認判決の性質をもつ。

解答　1　○
　　　2　○

077 判決の成立

判決は、判決内容を確定し、判決書の原本に基づく言渡しによって成立します

> **Q** 判決は必ず言い渡さなければならないの？
>
> **A** 判決は、言渡しによって効力が生ずるので、必ず言い渡さなければならないんだよ。

判決内容の形成

（1）裁判所は、「裁判をするのに熟した」と判断できる状態になったときには、口頭弁論を終結し、判決の内容を確定させます。「裁判をするのに熟したとき」とは、裁判所が当該事件について十分に審理を尽くしたとの心証に達した状態であり、その判断は裁判所の裁量に委ねられています。

裁判所が、口頭弁論の終結を宣言してもなお審理が不十分であり、心証を得るのにさらに審理が必要だと判断する場合は弁論を再開して、審理を続けることができます。

（2）判決内容の確定は、直接主義の要請から、口頭弁論に関与した裁判官の意見によって行われるのが原則です。判決内容が確定される過程では、裁判所は、事実の認定を行い、認定された事実に対して法律を適用することになります。そして、単独制の場合には、1人の裁判官によって判決内容が確定されますが、合議制の場合には、それを構成する複数の裁判官の評議を通じて判決内容が決まります。

判決書と判決言渡し

（1）終局判決は、言渡しによって効力を生じます。判決が判決として成立するためには、必ず言い渡されなければなりません。

（2）判決の言渡しは、判決書の原本に基づいてします。判決の言渡しの前に判決書を作成しておき、言渡し期日には裁判長が朗読して言渡しをします。ただし、実質的な争いのない事件については、判決書の原本に基づかずに判決を言い渡すことが認められています。

（3）判決書には、①主文、②事実、③理由、④口頭弁論終結の日、⑤当事者および法定代理人、⑥裁判所名を最低限必要な事項として記載する必要があります。そして、事実の記載においては、請求を明らかにし、かつ、主文が正当であることを示すのに必要な主張を摘示しなければなりません。

（4）判決は、口頭弁論終結後2月以内に言い渡さなければなりません。ただし、特別の事情がある場合は、この限りではありません。なお判決の言渡

しは、当事者が在廷しない場合でもすることができます。

判決の送達

判決言渡し後は、裁判所は遅滞なく判決原本を書記官に交付し、書記官はこれに言渡しおよび交付の日を付記し押印した上、その正本を作成し2週間以内に当事者に送達しなければなりません。**判決書に代わる調書**についても2週間以内に正本を送達します。

このように、判決およびこれに代わる調書を当事者に送達することとしているのは、送達によって、当事者に判決内容を告知し、不服申立てをするかどうかを検討する機会を付与しようという趣旨です。なお、送達は上訴期間の起算点（送達を受けた日から）としての意味を有することに注意して下さい。

ポイント

【判決の成立】

判決内容の形成（民訴法243条）
↓
判決書の作成（民訴法253条）
↓
判決言渡し（民訴法252条）

ミニテスト

1 判決は言渡しによって効力を生じる。
2 判決の言渡しが、判決書の原本に基づいてなされたときは、判決の送達は正本でする。
3 判決は、判決書を作成した裁判官以外の裁判官が言い渡すことができる。
4 判決の言渡しは、当事者が在廷する口頭弁論期日において行わなければならない。

解答 1 ○
2 ○
3 ○
4 × 判決の言渡しは、当事者が在廷しない場合でもすることができます（251条2項）。

078 判決の効力

確定前の判決の効力と確定判決の効力があります

Q 判決が確定するとどのような効力が生じるの？

A 既判力、執行力、形成力があるよ。

判決の効力

終局判決には、様々な法的効果が付与されています。判決が成立すると、これを言い渡した裁判所は、確定をまつことなく、以後は勝手に変更や取消はできないという拘束を受けます。これを判決の自己拘束力もしくは自縛力などといいます。詳しくは該当箇所を参考にして下さい（079参照）。

判決の確定

判決について上訴による取消の可能性がなくなった状態を判決の確定といいます。

判決の確定時期は、判決に対する上訴（通常の不服申立て）ができなくなる事由ごとに異なります。

たとえば、上告審判決のように不服申立てそのものが考えられないときは、その判決の言渡しと同時に確定します。また、上訴が許されるにもかかわらず、当事者が所定の上訴期間（判決正本または調書の謄本送達時から2週間）内に不服申立てを行わなかったときは、その期間の経過時に、判決は確定します。さらに、上訴期間経過前に当事者が上訴権を放棄した場合には、その上訴権の放棄時に、判決は確定します。

確定判決の効力

判決が確定すると、紛争の蒸し返しを禁止するために既判力が生じます。また、当事者が求めた判決内容に応じて、給付判決には執行力、形成判決には形成力が生じます。また、この他に、判決が確定すると実体法上の効果として、時効の新たな進行（民法147条2項）などが生じます。さらに、学説上提唱されている効果として、争点効があります。争点効というのは、判決の理由中の判断についても、一定の要件のもとに既判力と類似する制度的拘束力を認めていこうとする理論です。

既判力

判決確定後に他の訴訟で、当事者は判決内容と矛盾した主張をすることができず、また、裁判所もすでに確定判決で示された判断と抵触する判断をすることができないとする拘束力を既判

力といいます。

既判力は、すべての確定した本案判決に対して与えられる効力である点で一般的な判決の効力です。

執行力

執行力とは、給付判決で示された給付義務を強制執行によって実現することができる効力をいいます。この執行力は、給付判決が確定したときに生じます。強制執行は、確定判決を債務名義として執行文を付した債務名義の正本に基づいて行われます（民事執行法25条）。

形成力

法律関係の変動を命じる形成判決が確定することにより、審判の対象とされた法律関係が発生・変更・消滅するという法律効果が生じます。このような法律関係の変動をもたらす効力を**形成力**といいます。たとえば、「原告と被告とを離婚する」という主文の離婚判決が確定すると、判決が確定した時点をもって原告・被告間にそれまで存在していた婚姻関係が将来に向かって解消されます。

形成力は、当事者はもちろん第三者にも及ぶのが原則です。多くの実定法（人事訴訟法24条、会社法838条など）がこのことを明示しています。

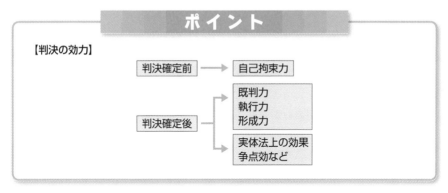

ポイント

【判決の効力】

判決確定前 ─→ 自己拘束力

判決確定後 ─┬→ 既判力　執行力　形成力
　　　　　　└→ 実体法上の効果　争点効など

ミニテスト

1　判決は確定しないと効力を生じない。
2　確定した給付判決には、既判力のみならず執行力も生じる。
3　判決は、言渡し後2週間経過すれば確定する。

解答　1　×　判決確定前にも、自己拘束力が生じます。
　　　　　2　○
　　　　　3　×　判決に対する上訴（通常の不服申立て）ができなくなる事由ごとに異なります。

079 判決の変更と更正

判決に内容の誤りや書き間違いがあった場合の手当てです

Q 変更と更正はどこが違うの？

A 内容に法令違反がある場合が変更、表現や計算に誤りがある場合が更正だよ。

判決の自己拘束力

　判決が言い渡されると、これを言い渡した裁判所は原則としてこの判決を勝手に変更することができません。これを判決の自己拘束力とか自縛性（自縛力）といいます。このような拘束力は、いったん判決をしておきながら、裁判所がその後に勝手に変更すると混乱を生じるので、裁判の終局性を確保するために制度的に要請されているのです。

　しかし、自己拘束力を厳格に適用していくと、かえって不合理で訴訟経済に反する場合もあります。そこで、民事訴訟法では、判決に間違いが発見された場合について一定の要件の下に判決の変更と判決の更正という制度を設けています。

判決の変更（変更判決）

　裁判所は自らが下した判決の内容に法令違反があることを発見したときは、その言渡し後1週間以内に限り、変更の判決をすることができます。判決内容の修正は本来当事者が上訴を提起して行うべきですが、判決内容が法令に違反していることが判決直後に裁判所に明らかになった場合にまで、判決の修正を上訴審に委ねるのでは訴訟経済に反します。そこで、判決が確定していない段階で、その言渡し後1週間以内に限っては、判決裁判所が職権で判決の内容を修正することができることとしたのです。これを判決の変更といいます。

　判決の変更が許されるのは、①判決に法令違背（法律に違反していること）があり、②判決言渡し後1週間以内であり、③判決を変更するにあたり口頭弁論を開く必要のない場合です。

　判決の変更は常に裁判所が職権で行い、当事者にその申立権は認められていません。また判決の変更は、前の判決に関与した裁判官のみが行うことができます。

　この変更判決は、言渡しにより効力を生じますが、そのための期日の呼び出しは公示送達（裁判所の掲示板に送達すべき書類を示して、2週間経過すれば送達の効果を生じるという送達方法）の場合を除いて呼出状の発送の時にその送達があったものとみなされま

す。

　変更判決がなされると、既になされた判決は撤回され、新たな判決がこれに代わります。

判決の更正

　判決の内容を変更することなく、その表現上の誤りや計算違いが発見された場合に裁判所が簡易な手続でこれを訂正する場合です。

　書き損じや計算違い、その他これに類する表現上の誤りがあり、かつその誤りが明白な場合に認められます。この種の誤りを訂正するために、当事者に対しわざわざ上訴を求めることは、訴訟経済に反しますし、また誤った裁判を是正して当事者の救済を図るという上訴制度の趣旨に照らしてみても適切ではありません。そこで、判決をした裁判所自体が決定で簡易に訂正できるとしたのです。

　更正決定があると、これが判決と一体となり、最初から更正されたとおりの判決があったものとされます。

　更正決定は、当事者からの申立てまたは職権で、いつでもすることができます。上訴審に係属していても、判決が確定した後でもかまいません。

ポイント

【判決の変更・更正】

	判決の変更	判決の更正
職権or申立て	職権でのみ	申立てまたは職権により
いつまで	判決言渡し後1週間以内	いつでも（判決確定後でも）
どんなとき	判決に法令違背があるとき	表現上の誤り、書き損じなど
その他	口頭弁論を開く必要がないこと	―

ミニテスト

1　判決に計算違いのような明白な誤りがあるときは、裁判所は、判決言渡し後1週間以内に限り、更正決定をすることができる。
2　判決の変更は、口頭弁論を開いて行わなければならない。

解答　1　× いつでも更正決定をすることができます（257条1項）。
　　　2　× 口頭弁論を開く必要のないことが要件です（256条1項ただし書）。

080 既判力

紛争を解決するために必要な効力のことです

Q 既判力は誰に対して作用するの？
A 当事者と裁判所に対してだよ。

積極的作用と消極的作用

確定判決の主文で示された判断が、当事者と裁判所を拘束する力（通用力）をもつことを**既判力**と呼んでいます。

既判力により、後訴の裁判所は前訴の裁判所の判断を前提にして判断をしなければなりません。これを**既判力の積極的作用**といいます。それとともに、後訴では、当事者は、前訴における裁判所の判断をもはや争うことはできず、それを争う当事者の申立てや主張などは排斥されます。これを**既判力の消極的作用**といいます。

このようにして、後訴の裁判所は、前訴の確定判決の既判力の積極的・消極的作用を受けつつ、当事者から提出される前訴の基準時以後の攻撃防御方法を基礎にして、当事者間の権利または法律関係について審理し、後訴の口頭弁論終結時における当事者間の関係について判断をすることになります。

ただし、確定判決後に権利変動が生じている可能性がありますから、常に訴えが不適法となるわけではありません。

職権調査事項

訴えが提起された場合に、裁判所は既判力の有無について職権で調査しなければなりません。

既判力が作用する後訴との関連

（1）同一訴訟物の場合

この場合、原則として前訴の確定判決の既判力が後訴に対して直接に及びますから、前訴の勝訴原告は、前訴の基準時以後に発生した新事由により後訴を正当化できない限り、後訴は訴えの利益を欠き不適法となります。

（2）前訴の訴訟物が後訴の訴訟物の先決問題（前提問題）となる場合

たとえば、前訴で建物所有権確認の訴えで勝訴した原告が、判決確定後に所有権に基づく建物明渡請求訴訟を提起した場合などです。この場合、本来、前訴と後訴の訴訟物である権利関係が異なりますから、後訴に対しては既判力は及ばないはずです。

しかし、前訴で確定した権利関係が、後訴の訴訟物の先決問題（前提問題）となっている場合には、後訴裁判所は前訴裁判所の判断に拘束され、こ

れを基礎として新たな主張と後訴の請求に固有の事項をつき合わせて判断をすることになります。

（3）矛盾関係にあるとされる場合

　たとえば、ＸがＹに対して土地の所有権確認訴訟（前訴）で勝訴した後、Ｙが同一土地につき自己の所有権確認を求める場合（後訴）などです。前訴の訴訟物と後訴の訴訟物とは同一ではありません。しかし、実体法上、同一物に対する所有権は１個しかありえませんから（一物一権主義）、Ｘの所有権が承認されるのであればＹの所有権が否定されなければなりません。この点からＸに所有権があることを前提にしなければなりませんから、この場合にも前訴のＸに所有権があるという判断に生じる既判力は後訴に及ぶこととされます。

既判力の双面性

　既判力は、通常、勝訴した当事者の利益に作用します。しかし、既判力が勝訴当事者に対して不利益に働くこともあります。

　たとえば、ＸがＹを被告として建物の所有権確認請求訴訟を提起し、勝訴してその建物の所有権がＸに帰属することが確定したときは、その後に相手方当事者Ｙから提起された建物収去土地明渡請求訴訟において、当該建物は自分の所有物ではないと主張することは許されないのです。このような既判力の作用を、**既判力の双面性**といいます。

第5編　訴訟の終了

ポイント

【既判力の作用】

　　　積極的作用→前訴の判断を前提
　　　消極的作用→前訴の判断に反する主張等排斥

1　訴えが提起された場合に、裁判所は既判力の有無について職権で調査しなければならない。

2　前訴判決確定後に、前訴で詐欺取消の主張を提出しなかったことにつき過失がない当事者は、訴訟物が同一である後訴において、詐欺取消の主張を提出することができる。

解答　1　○

　　　2　× 詐欺取消の主張は既判力の消極的作用により排斥されます。

081 既判力の時的限界

既判力が生じる時点です

Q なぜ、時的限界という概念があるの？

A 判決をするためには、一定時点までの資料に基づかざるをえないからだよ。

既判力の基準時

既判力は、確定判決の判断内容に与えられる通用性ないし拘束力です。

確定判決の判断内容といっても、それが一体いつの時点の判断なのかを明確にしておく必要があります。

既判力の基準時（標準時）がいつであるかについて直接明確に定めた規定はありませんが、これを事実審の最終口頭弁論終結時とすることに争いはありません。では、なぜ、事実審の口頭弁論終結時をもって既判力の基準時とするのでしょうか。

民事訴訟の対象たる権利または法律関係は時の経過とともに変動します。たとえば、金を返せと訴えられた被告がその一部を弁済しているケースでは、弁済額（権利・義務）に変化が生じます。ところが、裁判所は、限られた審理期間において裁判しなければなりませんから、必然的に、判決の判断内容には時間的限界（時的限界）が伴います。そして、判決の判断の基礎となる訴訟資料・証拠資料は事実審の最終口頭弁論終結時の時点までに提出されたものに限られます。これが既判力の基準時を事実審の口頭弁論終結時に求める根拠です。

条文上の根拠としては、民事執行法35条2項があります。同規定は、「確定判決についての異議の事由は、口頭弁論の終結後に生じたものに限る」と規定しています。

既判力の根拠と遮断効

このように、既判力の基準時は、事実審の口頭弁論終結時ですから、それ以前に存在した事由の主張は排斥されます。

たとえば、売買契約に基づく代金支払請求訴訟で、口頭弁論終結時までに、売買契約の不成立、虚偽表示による無効、消滅時効などの事由が既に存在していたのであれば、被告はその訴訟手続でこれらを主張することができたといえますから、これらを判決確定後に後訴で主張することはできません。請求異議訴訟でこれらの事由を主張して債務の存在を争うことは許されません。これを既判力の遮断効と呼びます。

ところが、実体法上の形成権（たと

えば取消権）を後の訴訟で主張（行使）する場合には、問題が生じてきます。既判力の基準時において当事者が形成権を行使することができたにもかかわらず、これを行使せず、判決確定後になって形成権を行使すると、その効果は基準時前に遡ることから、基準時には判決の基礎になった原告の請求権が存在しないことになり、確定した判決の効力を実質的に否定する結果となります。そこで、基準時後の形成権の行使が許されるか否かが問題になってくるのです。

　最高裁は、詐欺による取消権を主張することは前訴確定判決に抵触し許されないとしています。通説は、取消事由が基準時以前に発生し、それを行使する機会が与えられていた以上、手続保障は充足されていたので、それらの事由は既判力によって遮断されるとしています。

　取消権は前訴の請求権自体に内在・付着する瑕疵に関する事由であって前訴の基準時前に主張できた抗弁事由であること、より重大な瑕疵である無効事由が既判力によって遮断されるのに対し、より軽微な瑕疵である取消権が既判力によって遮断されないのでは均衡を失することを理由としてあげています。

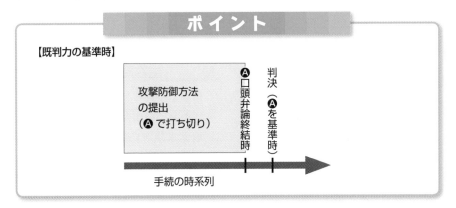

ポイント

【既判力の基準時】

攻撃防御方法
の提出
（Ⓐで打ち切り）

Ⓐ口頭弁論終結時

判決（Ⓐを基準時）

手続の時系列

　売買代金の支払請求訴訟において、敗訴の判決が確定した被告は、その契約につき詐欺による取消権を行使して売買代金債権の消滅を主張することはできない。

解答　○

082 基準時後の形成権行使

口頭弁論の基準時後に行使できる形成権もあります

> **Q** なぜ相殺の抗弁は基準時後でも行使できるの？
> **A** 基準時後の行使を認めないとかわいそうだからだよ。

基準時後の形成権行使

　既判力の基準時までに当事者が形成権を防御方法として行使することができたのにこれを行使せず、判決確定後にこれを行使できるかという問題です。ここでは例として、相殺権と建物買取請求権を取り上げます。詐欺による取消については該当部分（081）を参照してください。

相殺権

　相殺権については、相殺権を前訴の訴訟手続内で行使せず、訴訟が終了してから、請求異議訴訟、債務不存在確認訴訟等において相殺権を行使できるかという形で問題となります。

　判例・通説は、相殺権の基準時後の行使を認める立場です。

　最高裁は、「相殺は当事者双方の債務が相殺適状に達した時において当然その効力を生ずるものではなくて、その一方が相手方に対し相殺の意思表示をすることによってその効力を生ずるものであるから、当該債務名義たる判決の口頭弁論終結前には相殺適状にあるにすぎない場合、口頭弁論の終結後

に至ってはじめて相殺の意思表示がなされたことにより債務消滅を原因として異議を主張するのは」許されるとしています（最判昭40.4.2）。

　学説も、相殺の場合には、訴求債権に付着する取消事由とは異なり、もともと別訴で権利行使しうる債権ですから、相殺権を行使しなかったからといってこれを既判力によって遮断するべきではないとしています。

建物買取請求権

　借地上に建物を所有する土地の賃借人が前訴の口頭弁論終結時までに建物買取請求権（借地借家法13条、14条）を行使することができたにもかかわらず、これを行使しなかった場合、前訴の基準時後に建物買取請求権を行使できるかという問題です。

　建物買取請求が行使されると、その時点で、当事者間において当該建物について売買契約が締結されたという効果が生じます。

　最高裁は、土地賃貸人の土地明渡請求を認容する判決がされ、同判決が確定した場合であっても、「賃借人は、

その後に建物買取請求権を行使した上、賃貸人に対して右確定判決による強制執行の不許を求める請求異議の訴えを提起し、建物買取請求権行使の効果を異議の事由として主張することができる」としています（最判平7.12.15)。

建物買取請求権は、賃貸人の建物収去土地明渡請求権の発生原因に内在する瑕疵に基づく権利ではなく、建物の社会経済的価値を維持するとともに賃借人の投下資本の回収を認めるという制度目的のもとに認められた権利で

あって、賃借人がこれを行使することにより建物の所有権が法律上当然に賃貸人に移転し、その結果として賃借人の建物収去義務が消滅するという効果を生ずるものです。建物買取請求権を行使しなかったとしても、実体法上、その事実は同権利の消滅事由に当たるものではなく、訴訟法上も、前訴確定判決の既判力によって同権利の主張が遮断されることはありません。

つまり、建物買取請求権については相殺権と同じような扱いをするわけです。

ポイント

【基準時後の形成権行使】

取消権の行使	×
相殺権の行使	○
建物買取請求権の行使	○

ミニテスト

1 相殺の抗弁を前訴の口頭弁論終結時までに主張せず、訴訟終了後、請求異議訴訟で相殺権の行使を主張することはできる。

2 土地の賃借人が前訴の口頭弁論終結時までに行使できた建物買取請求権を行使せず、前訴の基準時後に建物買取請求権を行使することは、許される。

 解答 1 ○ 2 ○

083 既判力の客観的範囲

既判力が及ぶ範囲についてです

> **Q** 既判力はどの範囲で生じるの？
> **A** 主文に包含するものに限り生じるんだよ。

既判力の客観的範囲

　裁判所は、原告が求めた訴えに判決で応答しますが、その際に、判決で示した判断事項のすべてに既判力が生じるわけではありません。

　民事訴訟法114条1項は、既判力は判決主文に包含するもの、すなわち、主文が表示した事項についてのみに生ずるとしています。

　では、なぜ既判力は判決主文に包含するものに限って及ぶのでしょうか。

　原告が求めているのは、請求で示した権利または法律関係の存否であって、それを導き出す事実や理由にまで拘束力が及ぶことは予期していません。被告にとっても、もし原告の求めた審判対象以外の事項に既判力が及ぶとなると、防御の自由が失われてしまいます。そこで、理由中の判断に既判力が及ばないとしておくことによって、当事者の訴訟活動の自由を確保しているのです。また、このことは、裁判所にとってもメリットがあります。当事者の訴訟活動をみながら、実体法の論理的順序に左右されずに、弾力的な審理を可能にするので、訴訟の迅速化を図れるのです。

　このように、既判力は判決主文に包含するものに限り及びます。この「主文に包含するもの」という規定の仕方には意味があります。なぜ114条1項には、「判決主文に記載したもの」と書かないで「包含するもの」と書いてあるのでしょうか。

　主文には、裁判所の判断が簡潔に示されます。たとえば、「被告は原告に金1000万円を支払え」という主文が示されます。この主文のみでは、その1000万円がどのような金銭債権なのかは分かりません。判決書の「事実」を見て初めて売買代金なのか、貸金なのかが分かるわけです。訴え却下判決の場合も、どのような訴訟要件が欠けたのかについては、判決の理由を見なければ分かりません。このように、判決主文の内容を明らかにするには、場合によっては「事実」や「理由」を参考にする必要がありますので、「判決主文に包含するもの」という表現をしたわけです。

判決理由中の判断についての例外

判決理由中の判断には、既判力が生じないのが原則です。

しかし、その例外として、相殺の抗弁については、判決理由中の判断にも既判力が生じるとされています。

相殺の抗弁には、他の抗弁とは異なる特質があります。それは、訴求債権（受働債権）と反対債権（自働債権）とは、ともに全く無関係に別個にそれぞれ成立し存続するということです。もし、相殺の抗弁に既判力が認められないとすると、その反対債権は、訴訟物ではありませんから、反対債権の存否についての判断については既判力が及ばないことになります。

そうすると、被告は反対債権をもって相殺に供しておきながら、原告に対し別訴を提起して、「支払いを求める」と主張するおそれがあります。

つまり、せっかく相殺の抗弁について審理し、判決をしても、相殺の抗弁の判断について既判力を認めないと、訴求債権の存否についての争いが反対債権の存否の争いとして蒸し返されてしまうのです。これでは前訴判決による紛争解決が実質的に無意味となってしまうので、相殺の抗弁については既判力が認められているのです。

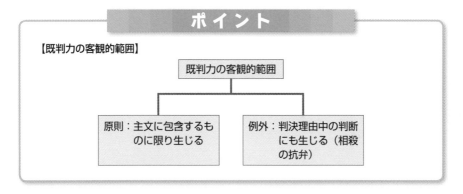

ポイント

【既判力の客観的範囲】

既判力の客観的範囲

- 原則：主文に包含するものに限り生じる
- 例外：判決理由中の判断にも生じる（相殺の抗弁）

ミニテスト

1 判決理由中で反対債権が存在しないとして相殺の抗弁が排斥された判決が確定した場合、後にこの債権を行使することはできない。

2 既判力は主文に記載されたものに限り生じる。

解答 1 ○

2 × 既判力は「主文に包含するもの」に限り生じます（114条1項）。

084 一部請求（後の残部請求）

一部請求後、残部の債権を請求することができるかという問題です

> **Q** 全部を請求するか一部を請求するかは自由のはずじゃないの？
> **A** 一部を請求することそれ自体は自由だよ。

一部請求の必要性

たとえば、金銭債権を訴訟手続にのせて請求する場合に、当面の請求としては、一部だけを請求したいという場合があります。

訴訟費用は訴訟物の価額で決まりますから、全部を請求すると多額の費用を要することになるので、まずは債権の一部のみを訴訟で請求して、勝訴した場合に改めて残部を訴求しようと考えるような場合です。とりわけ損害賠償請求訴訟等では全損害額の算定が困難なことも多いですから、とりあえず一部（治療費、入院費等）だけでも請求をしたいと考えるケースも少なくないといえます。

「一部請求」という問題の実質

民法（実体法）の世界では、債権者が債務者に対して「1000万円の貸金があるけれども、当面100万円を支払ってくれればいい」と言って、全債権のうち一部のみを請求することは自由にできます。債権を1000万円有しているが、その全部を行使しようと、一部を行使しようと、免除しようとそれは債権者の自由です。そして、裁判外（訴訟外）において、このような形で請求権を分断して行使することが自由であるならば、処分権主義が支配する民事訴訟においても、「訴訟をどの範囲で行うか」について当事者が自由に決められることですから、一部請求をすることができるのは当然です。

ここで議論されているのは、相手方に対して一部についてのみ訴えを提起し、判決が確定した後に、前の訴訟での請求が実は請求の一部であったということを理由として、残部金額の支払いを求める訴えを提起できるか（残部請求ができるか）という問題です。

一部請求の適法性

判例は、請求金額が全体の一部であることを明示した場合にのみ残部請求訴訟は適法となり、明示しなかった場合には残部請求訴訟は適法ではないとしています。判例は、明示の有無によって残部請求訴訟の適法性を区別する理由を示していませんが、一部請求であることが明示されれば、被告の側で相応の対応が可能ですから、このよう

な相手方への配慮を考慮したものであろうという理解がなされています。

判例によれば、請求の一部であることを明示した一部請求訴訟の訴訟物は訴求部分のみです。残部請求訴訟の訴訟物は、前訴たる一部請求訴訟の訴訟物とは別個のものです。

一部請求敗訴者の残部請求

判例は、明示的一部請求訴訟で敗訴した原告が、判決確定後に残部請求の訴えを提起したケースについて、次のような判断を示しています。このようなケースでは、実質的には前訴で認められなかった請求および主張を蒸し返すものであり、前訴の確定判決によって当該債権の全部について紛争が解決されたとの被告の合理的期待に反し、被告に二重の応訴の負担を強いるとして、「数量的一部請求訴訟で敗訴した原告が残部請求の訴えを提起することは、特段の事情がない限り、信義則に反して許されない」としています（最判平10.6.12）。

ポイント

【一部請求】

前訴（明示的一部請求）	後訴（残部請求）
全面勝訴	○
全面敗訴	× 特段の事情のない限り信義則に反する

ミニテスト

1　原告が金銭債権の一部を明示しないで請求し、その全部勝訴判決が確定した。この場合、原告は、金銭債権の残部について後訴で請求することができる。

2　原告が金銭債権の一部を明示して請求し、その全部敗訴判決が確定した。この場合、原告は、金銭債権の残部について後訴で請求することができる。

解答　1　× 一部請求であることを明示していないので、前訴は全部請求に当たり、後訴で残部請求することはできません。

2　× 判例は、特段の事情のない限り、信義則に反し許されないとしています。

085 既判力の主観的範囲

既判力が及ぶ主体は、手続保障が与えられていた当事者に限られるのが原則です

Q 既判力は当事者以外の人にも及ぶの？

A 当事者以外にも及ぶ場合があるよ。

当事者間にのみ及ぶのが原則

既判力が及ぶ者の範囲を既判力の主観的範囲といいます。いかなる主体に既判力が及ぶのかという問題です。

この点、民事訴訟法は、既判力が及ぶ者の範囲について、①訴訟をした当事者間にのみ及ぶという相対効の原則を述べ（115条1項1号）、その例外として、②訴訟担当の場合の利益帰属主体、③口頭弁論終結後の承継人、④目的物の所持者にも既判力が及ぶと規定しています（115条1項2号～4号）。

では、なぜ、既判力は当事者間にのみ及ぶことを原則としたのでしょうか。

それは、訴訟手続において、自己の実体法上の利益を守る地位と機会は、当事者に対してのみ与えられているからです。また、民事訴訟は私人間の私益に関する紛争を解決する制度であり、通常は、紛争解決のためには、とりあえず当事者間にのみ既判力を生じさせれば十分であるということも根拠となっています。

当事者以外の者に及ぶ場合

（1）訴訟担当の場合の利益帰属主体

第三者による訴訟担当の場合には、既判力は、被担当者にも及びます。

たとえば、選定当事者の選定者です。選定者は選定当事者に訴訟追行権を授権していますから、選定当事者が受けた判決の効果（既判力）を受けます。

（2）口頭弁論終結後の承継人

前主とその相手方当事者間の判決の既判力は、口頭弁論終結の後に訴訟物たる権利または法律関係についての法的地位を引き継いだ第三者（承継人）に対しても及びます。

「AがAB間の売買契約は虚偽表示により無効（民法94条）であると主張してBに対し所有権確認請求訴訟を提起して勝訴したが、口頭弁論終結後に、BはCに本件土地を転売していた」というような場合に、判決の効力がCに及ばなくなることを防止するために、口頭弁論終結後の承継人にも既判力が及ぶとしているのです。しかし、仮に、Cが民法94条2項の第三者にあたる場合には、CはBとは別個の固有の

利益を有しているといえます。この場合にCが「承継人」にあたるか否かという問題があります。この問題について、最高裁は「承継人」にあたらないという立場を採用しているといわれています。

（3）請求の目的物を所持する者

　たとえば、管理人、受寄者、および同居人など、当事者のために請求の目的物を所持する者です。これらの者は、当事者と離れて独立の利益を持ちませんから、独立の手続保障を考える必要はなく、むしろ確定判決の実効性を確保するという観点から既判力を及ぼすことが適切であるといえます。

（4）一般第三者への既判力の拡張

　身分関係は社会生活の基本を形成し、相対的取扱いをすべきではないので、人事訴訟では、既判力の主観的範囲は第三者にも及ぶのが原則です（人事訴訟法24条1項）。また、多数の利害関係者がいる会社の組織に関する訴訟（会社法838条参照）においても、請求を認容する確定判決は第三者にその効力が及ぶとされています。

ポイント

【既判力の主観的範囲】

相対効の原則

《　例外　》

❶当事者
❷訴訟担当の場合の担当者
❸口頭弁論終結後の承継人
❹請求の目的物の所持者

一般第三者への既判力の拡張

❶婚姻の無効・取消・離婚などの人事訴訟（人事訴訟法24条）
❷会社の合併無効・株主総会決議取消などの会社関係訴訟での認容判決

ミニテスト

　次に掲げる者のうち、確定判決の効力が及ばない者はどれか。
1　別荘の明渡請求訴訟において、その別荘の管理人
2　建物収去土地明渡請求訴訟において、その建物の所有者からこれを賃借している者

解答　1　× 及ぶ（115条1項4号）。
　　　　2　○ 及ばない。建物賃借人は自己のために目的物を占有する者であり、請求の目的物の所持者にあたりません。

086 複数請求訴訟〜原始的複数

複数の請求を1つの手続きで審理判断することを併合といいます

Q 原始的複数には何があるの？

A 単純併合、客観的予備的併合、選択的併合があるよ。

基本型

民事訴訟法は、訴訟の基本型として、

①当事者としては原告が1名と被告が1名であり

②かつその当事者間には請求（訴訟物）が1個ある

という構造を念頭に規律しています。

しかし、同一の当事者間においても、請求が複数ある場合も、紛争当事者が複数ある場合もありえます。

基本型
　請求が単数（1個）で、当事者が1人

複雑訴訟形態
　請求が複数の場合
　当事者が複数の場合

請求が複数の場合

同一の当事者間において、1つの訴えの中に複数の請求がまとめられている場合を請求の併合といいます。

請求の併合には、訴訟手続の当初から請求が併合されている場合（請求の原始的複数）と、訴訟の係属中に請求の併合が生ずる場合（請求の後発的複数）があります。

請求の原始的複数は、請求の原始的併合、または、訴えの客観的併合とも呼ばれます。これには、単純併合、客観的予備的併合、選択的併合の3つがあります。

請求の後発的複数は、訴えの変更、中間確認の訴えおよび反訴のほか、弁論の併合によっても生じます。

請求の併合が認められるためには、

①複数の請求が同種の訴訟手続によって審判されうるものであること

②法律上併合が禁止されていないこと、および

③各請求について受訴裁判所に管轄権があること

が必要です。

原始的複数

（1）単純併合

各請求が、他の請求に関する当否とは無関係に併合された場合です。たとえば、1つの訴えで、売買代金の請求と貸金返還請求をするような場合です。

（2）客観的予備的併合

複数の請求について審判上の順位を

つけ、主位請求が認容されることを解除条件として、予備的請求を併合する場合です。この主位請求と予備的請求は、法律上相互に両立しえない関係にあることが必要です。たとえば、売買契約に基づく代金の支払いを求めつつ、当該売買契約が無効である場合に備えて、予備的に当該契約に基づき既に引き渡している目的物の返還を請求するような場合です。

（3）選択的併合

この併合形態は、複数の請求のう

ち、いずれか1つの請求が認容されることを解除条件として他の請求を併合する場合です。たとえば、原告が土地の明渡しを請求するときに、所有権に基づく明渡請求と契約終了に基づく明渡請求を併合して申し立て、いずれの請求についてでもよいから、とにかく土地の明渡しを命ずる判決を求めるというような場合です。選択的併合は、旧訴訟物理論がその理論を補完するために工夫したものです。

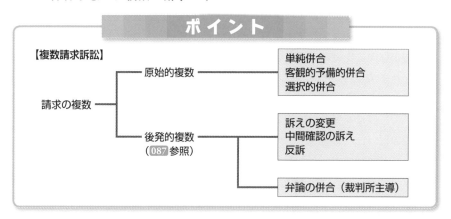

ポイント

【複数請求訴訟】

請求の複数
- 原始的複数
  - 単純併合
  - 客観的予備的併合
  - 選択的併合
- 後発的複数（**087**参照）
  - 訴えの変更
  - 中間確認の訴え
  - 反訴
  - 弁論の併合（裁判所主導）

📝 ミニテスト

1　請求の併合形態として、単純併合、客観的予備的併合、選択的併合がある（ただし旧訴訟物理論を前提とする）。

2　請求の予備的併合とは、複数の請求のうち、いずれか1つの請求が認められることを解除条件として他の請求を併合する併合形態である。

解答　1　○　選択的併合は、旧訴訟物理論がその理論を補完するために工夫したものです。

　　　　2　×　これは選択併合です。

087 複数請求訴訟〜後発的複数

訴訟係属中に請求が複数になることです

Q 後発的に請求が複数になるものにはどのような場合があるの？

A 訴えの変更、中間確認の訴え、反訴があるよ。

訴えの変更

訴えの変更とは、原告が訴訟係属中に「請求の趣旨」または「請求の原因」を変えて、同一被告に対する審判の対象を変えることです。

旧訴訟物理論では、実体法上の権利ごとに訴訟物が構成されますから、通常、請求原因に変更があると訴えの変更になります。

原告が訴えを変更するには、

①請求の基礎に変更がないこと（請求の基礎の同一性）

②著しく訴訟手続を遅延させないこと、および、

③請求の併合に関する一般的要件を備えていること

が必要です。そして、この手続は書面を裁判所に提出して行わなければなりません。

訴えの変更を求める申立てがあると、裁判所は、申立ての適否について職権で調査し、申立てが不適法であると判断するときは、そのまま当初の請求につき審理を続行します。次に、訴えの変更に必要な要件を充足していないと認めるときは、訴えの変更を許さ

ない旨の決定を行い、同様に審理を続行します。訴えの変更を許すべきと判断した場合には、裁判所は新請求について審判を行います。

中間確認の訴え

中間確認の訴えは、訴訟の係属中に、その訴訟物に対する判断との関係で先決関係にある法律関係（権利）の存否の決着を求めて原告または被告が訴訟手続内で追加的に提起する訴えです。

たとえば所有権に基づく明渡請求訴訟では、その所有権について裁判所の判断が示されたとしても、その判断は判決理由中の判断にとどまりますから既判力が生じません。所有権について既判力を得ておく必要がある場合に、中間確認の訴えを利用するわけです。

この訴えは、現に係属中の訴訟において収集された裁判資料を共通して利用できるようにするための手続です。この中間確認の訴えは、実質的には、原告が提起する場合は訴えの追加的変更であり、被告が提起する場合は反訴です。

中間確認の訴えの提起は書面によることが必要であり、事実審の口頭弁論終結前であれば、控訴審においてでも、相手方の同意や応訴がなくてもできます。先決事項は当該訴訟の当初から実質的に審判の対象となっており、相手方の審級の利益を考慮する必要がないからです。

反　　訴

反訴は、訴訟係属中に、その訴訟手続内で本訴の被告が原告となり、本訴の原告を相手方として提起する訴えです。原告が訴えの変更をできるのならば、被告にもそれに対応した制度を認めるのが公平だということことから設けられた制度です。この反訴も、原則として反訴状という書面を提出して行います。

反訴の要件は、民事訴訟法146条に規定されていますが、控訴審における反訴の場合に限って、原告の審級の利益を保護する必要があることから、その同意が必要であるとされています。

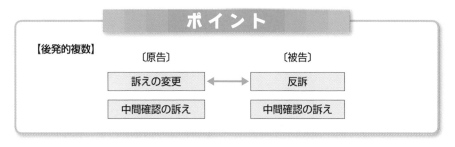

1　原告が訴えを変更することは認められない。
2　中間確認の訴えは、控訴審においては認められない。

解答　1　×　訴えの変更は認められています（143条）。
　　　2　×　中間確認の訴えは、控訴審においても事実審の口頭弁論終結前であれば認められます。

088 複数当事者訴訟

複数人が共同して訴訟するのは、費用の面や労力の面でメリットがあるからです

> **Q** 当事者が複数の場合といっても色々あるよね？
>
> **A** やるなら一緒にやろうよという通常共同訴訟と、みんなでやらなきゃならない必要的共同訴訟の場合があるよ。

共同訴訟のメリット・デメリット

共同訴訟とは、原告または被告の一方または双方が複数である訴訟をいいます。この場合、同一の側に立つ数人の原告または被告を共同訴訟人といいます。

共同訴訟として同一の手続内で同時に審判するとすれば、共通の争点について審理の重複を回避でき、労力を節約でき、紛争の統一的解決が期待できます。他方で、共同訴訟として扱うならば統一的な審判という要請が強く出てくるため、当事者の訴訟追行の自由を制約する必要があります。また、訴訟手続が複雑になり、訴訟遅延をもたらすおそれも出てきます。

合一確定の要請による区別

共同訴訟は、各共同訴訟人について**合一確定**を要請しているか否かによっ

て、通常共同訴訟と**必要的共同訴訟の2つ**に分かれます。合一確定とは、同一人に対する**判決の効力の衝突**を避けなければならない法律的要求のある場合をいい、このような要求が生じるのは、共同訴訟人の1人が受けた判決の効力が他の共同訴訟人にも及ぶ場合といわれています。共同訴訟人のAさんが受けた判決の効力と共同訴訟人Bさんが受けた判決の効力が衝突して矛盾をきたさないようにする必要がある場合に、合一確定が要請されます。

通常共同訴訟の成立要件

本来は、別々に訴えても、あるいは、訴えられてもよいが、一定の関連性がある場合に、一緒に訴訟をやりましょうという場合が通常共同訴訟です。

通常共同訴訟は、もともと個別的、相対的に解決されうる訴訟を併合するわけですから、通常共同訴訟として成立するために、一定の要件が要求されています。

（1）まず、併合により当事者と訴訟物がそれぞれ複数になるので、請求の

客観的併合要件を充たしていなければなりません。

（2）次に、①権利または義務が共通であること、②権利または義務が同一の事実上および法律上の原因に基づくこと、③権利または義務が同種であって、事実上および法律上同種の原因に基づくこと、のいずれかが必要です。これを主観的併合要件といいます（38条）。

必要的共同訴訟の成立要件

必要的共同訴訟は、「合一確定」の要請がある場合に成立します。

必要的共同訴訟には、固有必要的共同訴訟と類似必要的共同訴訟とに区別されます。前者は、全員が共同で訴え、または訴えられなければならない必要的共同訴訟であり、合一確定の要請が強度な場合です。後者は、個別に訴えを提起することは可能ですが、共同で訴え、または訴えられた以上は合一確定が要請される必要的共同訴訟です。

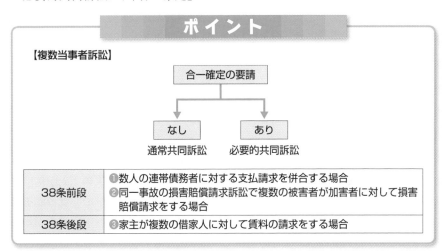

ポイント

【複数当事者訴訟】

合一確定の要請

なし → 通常共同訴訟

あり → 必要的共同訴訟

38条前段	❶数人の連帯債務者に対する支払請求を併合する場合 ❷同一事故の損害賠償請求訴訟で複数の被害者が加害者に対して損害賠償請求をする場合
38条後段	❸家主が複数の借家人に対して賃料の請求をする場合

ミニテスト

1　通常共同訴訟をするには、各請求について受訴裁判所に管轄権があることが必要である。

2　固有必要的共同訴訟と類似必要的共同訴訟のいずれにおいても、共同して訴えまたは訴えられなければならない。

 解答　1　○　請求の客観的併合要件を充たしていなければなりません。

　　　　2　×　類似必要的共同訴訟の場合には、単独で訴えまたは訴えられることができます。

089 共同訴訟の審理

共同訴訟の審理の仕方です

Q 共同訴訟の審理はどのようにしてするの？

A 通常共同訴訟の審理では各自が独立して訴訟追行するけど、必要的共同訴訟では全員が足並みをそろえて訴訟追行するんだよ。

共同訴訟人独立の原則

通常共同訴訟は、個別の訴訟をまとめてやろうとする場合の併合形態です。それゆえに、各当事者は相互に独立して訴訟追行を行い、原則として他の共同訴訟人から干渉を受けることがありません（共同訴訟人独立の原則）。

共同訴訟人の1人の訴訟行為は他の共同訴訟人に影響を及ぼしませんし、共同訴訟人の1人に対する相手方の訴訟行為も、他の共同訴訟人に影響を及ぼしません。

また、共同訴訟人の1人について生じた事由も、他の共同訴訟人に影響を及ぼしません。たとえば、共同訴訟人の1人につき中断または中止の事由が発生しても、他の共同訴訟人との関係では訴訟はこれに関係なく進行します。

共同訴訟人間の証拠共通

共同訴訟人独立の原則のもとでは、各人の訴訟行為等は、相互に独立し、相互に無関係とされています。

ただ、そうはいっても、同一の手続で併合審理し、期日も同一日時に指定し、裁判所の事実認定も共通に行うのですから、事実上とはいえ、統一的な審判が期待されます。そこで、共同訴訟人独立の原則を建前として維持しつつ、通常共同訴訟においても一定限度で審理・判断を共通にしようと考え、共同訴訟人間の主張共通、証拠共通が提唱されてきたわけです。

共同訴訟人間の証拠共通とは、共同訴訟人の1人が提出した証拠を他の共同訴訟人の事実認定の資料にもできることをいいます。これにより同一の事実について共同訴訟人の1人が提出した証拠に基づいて同一の心証形成をすることが可能となり、事実認定がバラバラになるのを防ぐことができるのです。共同訴訟人間の主張共通とは、共同訴訟人の1人がした主張を他の共同訴訟人の主張として扱うことができることをいいます。判例・通説は、共同訴訟人間の主張共通については認めていませんが、共同訴訟人間の証拠共通については認めています。

必要的共同訴訟の審理

必要的共同訴訟の審理については、判決が合一にのみ確定することを目指して、民事訴訟法40条が特別の規律を定めています。

まず手続の進行を全共同訴訟人にとって一律に進行するように制御します。これを訴訟進行の統一といいます。すなわち、①共同訴訟人の1人に手続の中断・中止事由が生じた場合、共同訴訟人全員につき手続が中断・中止します。また、②相手方の訴訟行為が共同訴訟人の1人に対してなされても、共同訴訟人の全員に効力を生じます。

次に訴訟資料についても統一を図っています。各人の自由勝手な主張をそのまま取り上げていたのでは相互に矛盾する主張も生じ、同一内容の判決を出すことができないため、相互に抵触する訴訟行為につき有利不利という基準で整理しています。つまり、①共同訴訟人の1人がした訴訟行為は、他の共同訴訟人の利益になる場合には、全員のために効力を生じます。また②共同訴訟人の1人がした訴訟行為は、他の共同訴訟人に不利益になる場合には、他の共同訴訟人に対する関係はもちろん、訴訟行為をした共同訴訟人についても効力を生じません。

ポイント

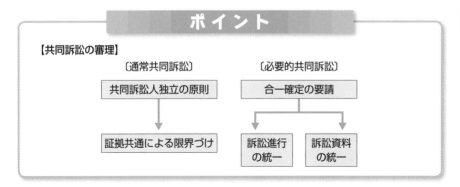

【共同訴訟の審理】

〔通常共同訴訟〕
共同訴訟人独立の原則
↓
証拠共通による限界づけ

〔必要的共同訴訟〕
合一確定の要請
↓
訴訟進行の統一　訴訟資料の統一

　ミニテスト

1　通常共同訴訟において、共同訴訟人の1人が提出した証拠は、他の当事者のためにも資料とすることができる。
2　必要的共同訴訟においては、共同訴訟人の1人が相手方の主張した事実を否認した場合、他の共同訴訟人との関係でも否認の効力を有する。

解答　1○　2○

090 同時審判申出訴訟

複数の被告に対する請求が実体法上両立しない関係にある場合にとりうる訴訟です

Q 同時審判はどういう場合に認められるの？

A 請求が実体法上両立しない関係にある場合だよ。

同時審判申出訴訟の意義

複数の被告に対する請求が実体法上両立しない関係にある場合があります。たとえば、Ｘが、本人Ｙに対する履行請求と無権代理人Ｚに対する責任追及をしようとする場合を考えてみます。この２つの請求は、実体法上両立しない関係にあるといえます。

この場合に、ＸがＹに対する請求の審判を優先して申し立て、それが認容されるならばＺに対する請求はなかったことにするという条件付きでＺに対する請求について審判を求めることができれば、Ｘにとって非常に都合がよいでしょう。このような訴訟形態を主観的予備的併合といいます。

しかし、主観的予備的併合は、被告の地位が不安定となることから最高裁で否定されています。

そこで、通常共同訴訟（単純併合）であることを前提としつつも、複数の被告に対する請求が実体法上両立しない関係にある場合に、判断が区々になって両方に敗訴することを避けたいとする原告の意思をある程度訴訟手続に反映させる訴訟形態が設けられまし

た。これが同時審判申出訴訟です。

同時審判申出訴訟は、裁判所の訴訟指揮権に拘束を加え、同時審判を保障する（弁論の分離・一部判決の禁止）という形で、当事者の意思を訴訟手続に反映させた通常共同訴訟です。

同時審判申出訴訟は、

①通常共同訴訟であって、

②共同被告に対する請求が法律上併存し得ない関係にあり、

③事実審の口頭弁論終結時までに原告が申出をなすことによって成立する訴訟形態です。

②は、一方の請求における請求原因事実が他方の請求では抗弁事実になっている等、主張レベルで各請求が法律上両立しえない関係にある場合をいいます。ＸのＹに対する請求はＺに代理権があってこそ認められるものですが、一方で、ＸのＺに対する責任追及はＺが無権代理人であったときにできるものですから、両請求は代理権授与の事実という主張のレベルにおいて法律上両立しない関係にあるといえます。

同時審判申出訴訟の審判手続

同時審判申出訴訟の審判手続については、共同訴訟人独立の原則が次の点で修正されています。すなわち、
①すべての請求について1個の判決で判断を示すこと
②弁論の分離が禁止されていること
③および各請求につき別々に控訴されても、同一の控訴審に係属するかぎり当然に併合されること
です。

同時審判申出訴訟であれば、各別に控訴がなされた結果、控訴事件が同一の控訴審に各別に係属するときは、控訴審は弁論・裁判の併合を義務づけられているということです。

ポイント

【同時審判申出訴訟】
→両負け防止の趣旨
→裁判所の訴訟指揮権に拘束を加えた
（弁論の分離・一部判決の禁止）

 ミニテスト

1　同時審判の申出をするには、訴えの提起の当初から共同被告としていることが必要である。

2　同時審判申出訴訟は通常共同訴訟の一種である。

 解答　1　×　共同訴訟であればよく（41条1項）、必ずしも当初から共同被告であることは必要ではない。

2　○

181

091 訴訟参加

他人間の訴訟に加入することです

Q 第三者が訴訟に参加する場合には、どのようなものがあるの？

A 当事者として参加する当事者参加と従たる立場で参加する補助参加が代表的なものだよ。

訴訟参加

他人間の訴訟に、第三者が自らの利益を守るために加入していくことを訴訟参加といいます。訴訟参加には、第三者が当事者として参加する当事者参加と、当事者の一方に従たる立場で参加する補助参加とがあります。当事者参加はさらに次の2類型に大別されます。1つは、従前の当事者がそのまま当該訴訟手続に当事者としてとどまることを前提に、参加人が新しく訴訟に加わるものであり、独立当事者参加と共同訴訟参加がこれにあたります。もう1つは、訴訟承継の原因があって、参加人が従前の当事者に代わって加入するもので、参加承継・引受承継がこれにあたります。

独立当事者参加

独立当事者参加 ── 詐害防止参加
          └─ 権利主張参加

（1）詐害防止参加

詐害防止参加は、他人間の訴訟の結果によって権利を害されると主張する第三者が、その訴訟に当事者として参加する場合です。

（2）権利主張参加

権利主張参加は、他人間の訴訟で審判の対象とされている権利（法律関係）について、その全部または一部が自分のものであると主張して、第三者が係属中の訴訟に当事者として参加する場合です。この場合、参加人の請求と本訴原告の被告に対する請求は論理的に両立しえない関係にある必要があります。

独立当事者参加により訴訟は原告・被告・参加人の3者が互いに相争う三面訴訟になります。たとえばXがYに対してある土地につき所有権確認の訴えを起こしているときに、ZがXとYを相手にして、土地の所有権の確認をもとめて、XY間の訴訟に独立当事者参加する場合、XYZの3者が相争うことになります。

もっとも、三面訴訟となるのは基本型です。係属中の訴訟の原告・被告の一方が参加人の権利主張をとくに争わ

ない場合もあります。この場合には、争う者のみを相手方とする参加申立て（片面的参加）も許されます。

共同訴訟参加

必要的共同訴訟において、第三者が原告または被告の共同訴訟人として参加することを共同訴訟参加といいます。

この参加は、類似必要的共同訴訟における共同訴訟参加が典型例です。参加人は、当該訴訟について当事者適格を有していなければなりません。

補助参加

補助参加とは、他人間の訴訟の結果について利害関係を有する第三者が、当事者の一方（被参加人）を勝訴させることによって自己の利益を守るために訴訟に参加することをいいます（092参照）。

参加承継・引受承継

訴訟物たる権利・義務について特定承継（譲渡など）があった場合に、その変動を訴訟手続にも反映させて承継人に従前の当事者が有していた訴訟上の地位を引き継がせる制度です（093参照）。

第6編 複雑訴訟

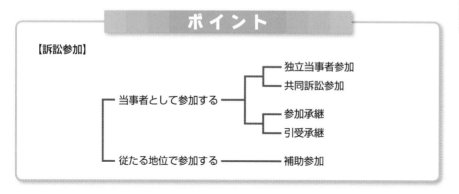

ポイント

【訴訟参加】

```
                            ┌─── 独立当事者参加
         ┌─ 当事者として参加する ─┤
         │                  └─── 共同訴訟参加
         │                  ┌─── 参加承継
         │                  └─── 引受承継
         └─ 従たる地位で参加する ──── 補助参加
```

 ミニテスト

1 補助参加は、従たる当事者であるから被参加人の名で参加する。
2 訴訟の係属中、第三者がその訴訟の目的である義務の全部または一部を承継したときは、裁判所は、当事者の申立てにより、決定で、その第三者に訴訟を引き受けさせることができる。

解答 1 × 補助参加人は、自らの名で参加します。
2 ○ 50条1項。

092 補助参加

第三者が援軍として他人間の訴訟に加入することです

Q 補助参加人は当事者なの？

A 自己の名と費用で訴訟するけど当事者ではないよ。

補助参加とは

補助参加とは、他人間の訴訟の結果につき利害関係を有する第三者が、当事者の一方を補助して勝訴させることにより、自らの利益を守るためにする参加です。この第三者を補助参加人といい、補助される当事者を被参加人といいます。

たとえば、買主が売買の目的物の追奪訴訟（真の権利者だと主張する者から目的物の取戻しを請求される訴訟）を提起されたときに、その訴訟へ売主が補助参加するような場合です。買主が敗訴すれば、売主は買主に担保責任を追及されます。このような場合に、売主が買主を勝訴させるために利用できる制度です。

補助参加人は、自己の名と費用で訴訟に参加しますが、当事者にならない点で、独立当事者参加や共同訴訟参加とは異なります。

補助参加の要件

補助参加は、参加人が他人間の訴訟の結果について法律上の利害関係を有する場合に認められます。これを参加の利益といいます。訴訟の結果とは、本案判決の主文、すなわち訴訟物に対する判断が直接補助参加人の法的地位に影響を与えることをいいます。

補助参加人の地位（従属性と独立性）

補助参加人は、訴訟活動について当事者たる被参加人に従属します（従属性）。

補助参加人は、①参加時の訴訟状態を前提に、被参加人が行えなくなっている訴訟行為、②被参加人の訴訟行為と抵触する行為、③訴訟自体を処分することになる行為（訴えの取下げ、請求の認諾・放棄、和解など）、および④被参加人にとって不利な行為（自白など）を行うことはできません。

他方で、補助参加人は独自の地位をもって訴訟を追行でき（独立性）、被参加人を勝訴させるために必要な攻撃防御方法の提出、異議の申立て、上訴の提起、および再審の訴えの提起など一切の訴訟行為を行うことができ、その効果は被参加人に帰属します。

補助参加人に対する判決の効力

補助参加した訴訟で下された敗訴判決の効力は、参加的効力といわれています。これは、参加人と被参加人が共同して訴訟を追行したにもかかわらず敗訴した場合には、その敗訴責任を共同して分担すべきであるということから認められる効力です。参加的効力により、補助参加人は、後に自己を当事者とする訴訟において、補助参加した訴訟で下された判断（判決理由中の判断も含む）内容を被参加人との関係で争うことはできないことになります。

訴訟告知

訴訟告知とは、訴訟の係属中に、当事者が訴訟の結果に利害関係を有する第三者に対し訴訟が係属することを通知することです。

訴訟係属を通知する人を告知者、通知される人を被告知者といいます。

被告知者は、訴訟告知を受けても、訴訟に参加するか否かは自由です。ただ、訴訟告知がなされると、補助参加しなくても、被告知者に対して参加的効力が及ぶとされています。

訴訟告知は、被告知者に訴訟参加の機会を与える制度であるとともに、告知者が敗訴に備えるために認められる告知者のための制度であるといえます。

ポイント

【補助参加人の地位】

従属性

❶参加のときに被参加人がすることができない訴訟行為はすることができない。

❷被参加人の訴訟行為と抵触する訴訟行為は効力を生じない。

❸訴訟自体を処分することになる行為はできない。

独立性

被参加人のなしうる一切の訴訟行為をすることができる。

ミニテスト

1 補助参加人がする行為は、被参加人に有利なものであっても、効力を生じないことがある。

2 補助参加人は、上訴を提起できない。

解答 1 ○

2 × 45条1項本文。

093 当事者の交替

訴訟承継が認められると、新たな当事者は従来の当事者の訴訟上の地位を引き継ぎます

Q 訴訟承継には何があるの？

A 当然承継、参加承継、引受承継があるよ。

当事者の交替の意義

当事者の交替は、訴訟の係属中に第三者が従来の当事者に代わって、その訴訟手続に当事者として加入することです。ここでは訴訟の承継と任意的当事者変更を扱います。

訴訟承継

訴訟承継とは、訴訟の係属中に当事者が死亡したりして、紛争の主体たる地位が第三者に移転した場合に、新たに紛争の主体となるべき者が従来の当事者の訴訟上の地位をそのままの状態で引き継ぐことをいいます。すなわち、新当事者は、従前の弁論や証拠調べの結果を承継します。

訴訟承継があっても中断が生じない場合がある反面、中断が生じても訴訟承継がない場合もありますので、訴訟承継と中断は別個の制度であることに注意して下さい（ 041 参照）。

訴訟承継は、**当然承継**と**参加承継・引受承継**の2種類に区別されます。

当然承継

当事者の死亡など一定の承継原因の

発生により法律上当然に当事者の交替が行われる場合です。当然承継の原因は、中断・受継に関する規定から推し量ることができます。承継原因には、①**当事者の死亡**、②**法人等の合併**による消滅等があります。

参加承継・引受承継

民事訴訟法は、訴訟物たる権利・義務について特定承継（譲渡など）があった場合について、参加承継と引受承継の2種類を認めています。

参加承継は承継人が自ら積極的に訴訟参加の申立てをすることによって、引受承継は当事者が承継人に訴訟を引き受けさせる旨の申立てをすることによって、それぞれ訴訟が承継されます。

参加承継の場合には、承継人は独立当事者参加の形式で申し立てます。この参加は、訴訟係属の初めにさかのぼって時効の完成猶予または法律上の期間の遵守の効力を有します。また、この参加が認められると、従来の当事者である原告または被告は、民事訴訟法48条に基づいて脱退することができ

ます。しかし、一部承継の場合は、従来の当事者は共同訴訟人として残ります。

次に、引受承継の申立てがあった場合には、裁判所は当事者および承継人を審尋したうえで、決定でその許否を裁判します。引受承継の申立ての却下に対しては、申立人から抗告できます。承継人に対する訴訟引受けが認められた場合には、従前の当事者は、その相手方の承諾を得て脱退することができますが、もし被承継人が脱退しない場合または脱退できない場合は、民事訴訟法41条1項・3項の規定を準用

します。

任意的当事者変更

訴訟係属中に、それまで当事者として訴訟を追行していた者が当事者ではないことが分かり、その訴訟手続内で当事者を変更する必要が生じる場合があります。これを任意的当事者変更の問題といいます。任意的当事者変更は、訴えの変更の一種ではなく、新訴の提起に伴って旧訴が取り下げられることとなる2つの訴訟上の行為の複合行為です。

第6編 複雑訴訟

ポイント

【当事者の交替】

訴訟承継
❶当然承継
❷参加承継
❸引受承継
任意的当事者変更

 ミニテスト

1 参加承継によって新たに原告となった者は、従前の原告で訴訟から脱退した者が自白した事実を自由に撤回することができる。
2 任意的当事者変更は訴えの変更の一種である。

解答 1 × 承継人は前主の訴訟追行により形成された訴訟状態をそのまま引き継ぐので自白を自由に撤回することはできません。
2 × 新訴の提起と旧訴の取下げの複合行為であって訴えの変更の一種ではありません。

094 上訴制度～控訴

第一審の終局判決に対する第二審への不服申立てです

Q 上訴制度には何があるの？
A 控訴、上告などがあるよ。

上訴制度

適正な裁判を行うことは、民事訴訟法の理念の１つですから、誤った裁判を是正して当事者の救済を図るために、上訴制度が設けられています。裁判所の間には上級・下級という審級関係が設けられており、この階層構造を順次に経て、通常の場合、最終的には最高裁判所の審判を受けることになります。ですから、上訴制度は、当事者の救済という機能のほか、国内の法令の解釈適用を統一するという機能も営んでいます。

上訴では２回の審理が予定されています。１回目の上訴審は第一審裁判所の裁判について事実認定と法律の適用の両面から審理を行います。２回目の上訴審では、第二審までの事実認定を基礎にして、もっぱら法律の適用の面についてだけ審理を行います。そのため、１回目の上訴審を事実審、２回目の上訴審を法律審と呼んでいます。

> 控訴→事実審
> 上告→法律審

控 訴

（１）控訴とは、第一審の終局判決に対する第二の事実審への不服申立てをいいます。控訴は、簡易裁判所もしくは地方裁判所または家庭裁判所が第一審である場合に認められ、控訴状を第一審裁判所に提出して行います。

（２）控訴が適法であるためには、その要件の１つとして控訴の利益が必要です。この概念は第一審における訴えの利益と同様の働きを有するものです。

第一審判決の内容と当事者の申立内容を比較して、前者が後者より小さい場合に、控訴の利益が認められます（形式的不服説）。

①全部勝訴した原告には控訴の利益は認められませんが、請求棄却の判決を受けた原告には控訴の利益が認められます。

②一部認容・一部棄却判決の場合には、当事者の双方に控訴の利益が認められます。

③被告が請求棄却の本案申立てをしたにもかかわらず訴え却下の判決がなされた場合には、原告・被告の双方に控訴の利益が認められます。被告には本

案判決を得られなかったという不利益があるので控訴の利益が認められるのです。

（3）控訴審は、控訴の適否と第一審判決に対する不服申立ての当否について審理判断します。控訴審は、第一審で収集された資料に加えて、控訴審で収集された資料に基づいて第一審判決に対する不服の当否を判断します。これを続審主義（続審制）といいます。

（4）控訴の申立て自体が不適法であれば控訴却下の判決となります。控訴の申立てに正当と認める理由がないときは、控訴棄却判決になります。申立てにかかる不服理由が正当な場合であっても、他の事由により第一審判決を維持すべきときは控訴棄却の判決になります。この控訴棄却の判決がそのまま確定すれば、第一審判決も確定します。

（5）控訴申立てに理由があるときには、まず、原判決取消の判決を行い、そのうえで自判・差戻し・移送の判決を行います。

控訴審は、事実審ですから、第一審判決を取り消した以上、自ら訴えに対して判断（裁判）すること（自判）が原則になります。

なおこの場合における取消・変更の範囲は、第一審の判決内容のうち、不服申立てが行われた限度に限られます。

ポイント

【控訴審の終局判決】
⑴控訴却下
⑵控訴棄却
⑶控訴認容
❶自判
❷差戻し
❸移送

ミニテスト

1　控訴の提起は、控訴状を控訴裁判所に提出してしなければならない。
2　第一審判決が一部認容・一部棄却の場合、原告と被告の双方に控訴の利益がある。
3　控訴審においては、控訴審が収集した訴訟資料のみに基づいて第一審判決に対する不服の当否を判断する。

解答　1　×　控訴状は第一審裁判所に提出します（286条1項）。
　　　2　○
　　　3　×　控訴審においては、第一審で収集された資料に加えて、控訴審で収集された資料に基づいて第一審判決に対する不服の当否を判断します。

095 不利益変更禁止と附帯控訴

控訴の際、原判決に文句をいうことができます

Q 控訴の一種なの？

A 控訴の一種ではなく、公平の観点から認められた制度だよ。

不利益変更の禁止

　控訴審は、控訴人の不服に反して原判決よりも不利な裁判をすることは許されず（不利益変更の禁止）、また不服申立ての範囲を越えた内容に変更することもできません（利益変更禁止）。

　これは、控訴審における処分権主義の現れです。

　たとえば、原告が求めた1000万円のうち、第一審では600万円が認容されたとします。

①被告のみが請求棄却を求めて控訴した場合、控訴審は600万円の範囲内で判決ができます。

②原告のみが全部認容を求めて控訴した場合、控訴審は、600万円から1000万円までの範囲内で判決ができます。

③原告・被告の双方が控訴をすれば、控訴審は請求棄却から1000万円までの範囲内で判決できます。

附帯控訴

　被控訴人は、控訴審の審理が開始された場合に、控訴人の申し立てた審判対象を拡張して、自己に有利な判決を求めるために不服申立てをすることが

できます。これを附帯控訴といいます。

　附帯控訴は、公平の見地から、口頭弁論が終結するまでであれば、相手方の控訴に付随して、一審判決よりもさらに有利な判決を求めて控訴審の審理を受けることができるようにした制度です。

（1）附帯控訴は控訴の一種ではありませんから、附帯控訴には控訴の利益は不要です。

（2）控訴審は、第一審判決の取消および変更について、控訴人の不服申立ての限度においてのみ行うことができます。附帯控訴はその枠を外して、附帯控訴人に有利な判決を求めるものです。附帯控訴により、控訴審は、控訴を提起しなかった附帯控訴人に有利な判決をすることが可能になります。

　先の例でいえば次のようになります。

①原告が控訴し、被告が附帯控訴をすれば、控訴審は請求棄却から1000万円までの範囲内で判決できます。

②被告が控訴し、原告が附帯控訴をすれば、控訴審は請求棄却から1000万円

までの範囲内で判決できます。

　最高裁は、第一審で全部勝訴をした原告も、相手方が控訴をすれば、それについて附帯控訴をすることによって更に請求の拡張をすることができるとしています（最判昭32.12.13）。

　附帯控訴はあくまでも相手方の控訴提起に対抗して、公平の見地から許さ

れるのですから、相手方の控訴提起が取り下げられた場合や控訴提起が不適法として却下されたときは附帯控訴もその効力を失います。

　また附帯控訴の申立てを取り下げた場合でも、口頭弁論終結時までは再び附帯控訴をすることができます。

ポイント

【控訴と附帯控訴】

控訴	→ 第一審の終局判決に対する上訴
附帯控訴	→ 控訴を契機に、被控訴人がする原判決を自己にさらに有利に変更するように求める申立て

 ミニテスト

1　控訴裁判所が行う第一審判決の取消および変更は、不服申立ての限度においてのみこれをすることができ、当事者からの不服申立ての限度を超えて第一審判決の取消および変更をすることはできない。

2　附帯控訴をするには不服の利益が必要である。

3　附帯控訴は、控訴審の口頭弁論が終結するまで行うことができる。

 解答　1　○　304条。
　　　　2　×　附帯控訴は控訴の一種ではなく、不服の利益は不要です。
　　　　3　○　293条1項。

096 上告理由

不服申立ての第2ラウンドに進むには特別の理由が必要です

> **Q** 上告する理由について限定はあるの?
>
> **A** 憲法違反、絶対的上告理由および判決に影響を及ぼすことが明らかな法令違反の3つに限定されているよ。

上 告

　上告とは、終局判決に対する法律審への不服申立てをいいます。第一審が地方裁判所のときは、最高裁判所が上告審となりますが、簡易裁判所が第一審のときは高等裁判所が上告審となります。高等裁判所が上告審である場合でも、高等裁判所の意見が、憲法その他の法令の解釈について最高裁判所の判例に相反する場合には、事件を最高裁に移送しなければなりません。これは判例の統一を図るためです。

上告理由

（1）上告審への不服申立てに際しては、**上告理由**を主張することが必要です。上告理由の主張を欠く上告は不適法です。

（2）上告理由には、①**憲法違反**、②**絶対的上告理由**、および③**判決に影響を及ぼすことが明らかな法令違反**の3つがあります。

　最高裁判所への上告の場合には①②が上告理由になりますが、上告をすべき裁判所が高等裁判所の場合には③も

上告理由となります。

（3）高等裁判所が上告審としてした判断に憲法違反等がある場合には、特に最高裁への特別上告が認められています。

（4）絶対的上告理由には以下のようなものがあります。

①法律に従って判決裁判所を構成しなかったこと。そもそも判決をなす裁判所が違法に構成されているので、その判決は正当性を欠きます。

②法律により判決に関与することができない裁判官が判決に関与したこと。**除斥原因のある裁判官や忌避の裁判があった裁判官が判決内容の決定に関与した場合です**（**008**参照）。単に判決の言渡しのみをしたにすぎない場合はこれにあたりません。

③専属管轄に関する規定に違反したこと（6条1項の場合を除く）。

④代理権が欠缺していたこと。当事者の手続保障が十分でなかったからです。

⑤口頭弁論の公開規定に違反したこと。公開は憲法上の要請ですから（憲法82条）、これに対する違反は重大な

手続違反となります。

⑥**判決の理由不備・理由の食い違い。**判決内容の正当性は、専ら理由によって判断されますので、終局判決には理由が記載されなければなりません。その理由に不備があったり、理由が食い違っていることは判決の内容の正当性を失わせるので、絶対的上告理由とされるのです。

原判決に絶対的上告理由にあたる手続法違反がある場合には、それが判決に影響を及ぼしたか否かにかかわらず常に上告理由となります。

（5）判決に影響を及ぼすことが明らかな法令違反は、高等裁判所を上告審とする場合の上告理由です。すなわち、憲法違反および絶対的上告理由に該当する場合の他は最高裁への上告は当然には許されません。この判決に影響を及ぼすことが明らかな法令違反は、当事者が上告受理の申立てをした場合に審判される事由であり、その場合、最高裁が重要と判断した場合のみ上告が受理されることになっています。これを**裁量上告制**といいます。上告受理の申立てに対しては、最高裁は、裁量で受理するか否かを決めますが、申立てには必ず応答（決定）しなければなりません。

ポイント

【上告理由】　　　　　　　　　　　　　　　（○は上告理由となるもの）

	上告裁判所	
	最高裁判所	高等裁判所
❶憲法違反	○	○
❷絶対的上告理由	○	○
❸判決に影響を及ぼすことが明らかな法令違反	× （裁量上告のルート）	○

ミニテスト

1　判決に影響を及ぼすことが明らかな法令違反がある場合、最高裁判所へ上告することができる。

2　高等裁判所が上告審としてなした判決に対して、憲法違反を理由とする上告を行うことができる。

解答　1　×　判決に影響を及ぼすことが明らかな法令違反という上告理由は、上告審が高等裁判所の場合の上告理由です。

　　　　2　○　特別上告です（327条）。

097 上告審の審理

上告審はもっぱら法律問題を扱います

> **Q** 原判決を破棄したら、どうするの？
> **A** 原裁判所に差し戻すのが原則だよ。

上告状の提出

　上告は、上告期間内に上告状を原裁判所に提出することにより行います。原裁判所の裁判長は、上告状について審査します。そして、上告状却下（上告状が不適式だとして上告状を却下すること）または原裁判所が上告却下（上告が適法でないとして却下すること）の決定をした場合を除いて、上告提起通知書を当事者に送達しなければなりません。それとともに、上告状に上告理由の記載がないときは50日以内に上告理由書の提出を求めます。

　上告受理の申立ても、上告期間内に上告受理申立書を原裁判所に提出することにより行います。

上告審の審理

（1）上告審における審理は、書面審理を基本とします。上告審はもっぱら法律問題を扱います（法律審）。上告審が前提とする事実は原判決において適法に確定された事実です。

　上告審は、書面審理の結果、①上告が不適法であると判断した場合には上告却下の判決をします。また、②上告に理由がないと判断した場合には上告棄却の判決をします。①②どちらも口頭弁論を経ずにできます。これに対し、上告を認容（原判決を破棄）する場合には、必ず口頭弁論を開かなければなりません。これは控訴審で勝訴した当事者の言い分を聞いたうえで判決をする必要があるからです。しかし、口頭弁論を開いても、上告審では事実審理を行いませんから、原判決を破棄した後、事件を原審に差し戻すのが原則となります。新たな事実審理を行わせるためです。

（2）差し戻された原審または移送された管轄を有する事実審裁判所は、その審級の手続に従って審判を行うことになりますが、その際、上告審が破棄理由とした法律上・事実上の判断に拘束されます。

　破棄判決の拘束力は、理由中の判断に生じ、破棄理由は、差戻審および差戻審の判決に対して上告があった場合の上告審を拘束します。差戻審は、破棄理由に拘束されますので、破棄された判決と同じ理由づけをすることはできませんが、別の理由で破棄された判

決と同一の結論に至ることは妨げられません。また、破棄された原判決に関与した裁判官は、差戻審の裁判に関与することはできません。これは破棄判決の拘束力を実質的に確保するためです。

（3）破棄自判は、新たな事実認定が不要な場合で原審の確定した事実に基づいて法的判断を行う場合に許されます。その結果、上告審が訴えについて訴訟要件を欠くと判断した場合には、「原判決破棄・訴え却下」の判決を行います。請求について原判決の法的判断が誤っていると判断した場合には、「原判決破棄・請求棄却」または「原判決破棄・請求認容」という判決を行います。

第一審判決を認容した控訴審判決を取り消し、事件を第一審裁判所に差戻しまたは移送する場合があります。第一審で訴え却下または専属管轄違背の判決がなされ、これを維持した控訴審の判断を上告審が取り消す場合です。本案に対する審理を第一審からやり直す必要があるからです。

ポイント

【上告審の審理】
❶上告状は原裁判所に提出
❷書面審理が基本
❸法律審
❹破棄差戻し（原則）

ミニテスト

1 上告人は、上告状に上告理由の記載をした場合を除いて、上告理由書を最高裁判所に提出しなければならない。
2 上告は、上告状を最高裁判所に提出することにより行う。

解答 1 × 上告理由書の提出先は原裁判所です（315条1項、民事訴訟法規則194条）。
2 × 上告状は原裁判所に提出します（314条1項）。

098 再審

確定した裁判のやり直しのことです

Q 再審の手続はどのように行われるの？

A 再審の訴状を再審の対象となった確定判決の裁判所に提出して行うんだよ。

再　審

　再審は、確定判決の手続に再審事由がある場合に、この確定判決を取り消し、改めて旧訴の審判を再開することを求める**非常の不服申立制度**です。

　再審は、確定判決の敗訴者が**再審原告**となり、勝訴者が**再審被告**となって、提起される訴えです。再審では、再審事由が、原判決のみについて認められるだけでなく、原判決の基礎をなす中間判決その他の中間的裁判について**再審事由**がある場合にも認められます。

①民事訴訟法338条1項の1号から3号は、裁判所を構成するうえで手続違背があった場合、および当事者が適法に代理（代表）されなかった場合を再審事由としています。これらの事由は、絶対的上告理由にもなっています。

②4号から7号の再審事由は、裁判に関連して可罰的行為（罰せられるべき行為）があった場合です。この場合は、原則として、有罪判決もしくは過料の決定が確定していることが必要です。

③8号は確定判決の基礎となった裁判などが後に変更された場合、9号は判断遺脱があった場合、および10号は既判力の抵触があった場合です。

　再審の訴訟手続は、その審判対象となった確定判決の係属審級における訴訟手続に準じて行われます。

　すなわち再審の訴えは、簡易裁判所に提起する場合を除いて、**再審の訴状**を管轄裁判所に提出して行います。管轄裁判所は、再審の対象となった確定判決をした裁判所です。

　再審の訴えは、判決確定後その再審事由を知った日から30日の不変期間内に提起しなければなりません。また、当事者が再審事由の存在を知らなかった場合でも、判決の確定日から、または再審事由が判決確定後に生じたときはその日から、5年の期間が経過すると、再審の訴えは認められなくなります。

　再審をする裁判所は、再審の訴えが不適法であると判断した場合には、決定で、再審の訴えを却下します。再審

の訴えを適法と認める場合には、再審事由の有無について審判します。再審事由がなければ、決定で、再審請求を棄却します。この棄却決定が確定した場合には、同一の事由で再審の訴えを提起することはできなくなります。

　再審事由があると判断したときは、裁判所は再審開始の決定を行います。この決定に際しては必ず**再審被告の審尋**を行わなければなりません。

　再審開始決定の後は、裁判所は元の事件について審理のやり直しを行い、その結果、原判決を不当と認めれば、不服の限度で原判決を取り消し、これに代わる終局判決を下します。原判決を正当とするときは、再審請求を棄却します。

ポイント

【再審（非常の不服申立て）】
　　　　　　　不適法→却下
　　　　　　　適　法→再審事由の審査
　　　　　　　　　　　・再審事由なし→棄却
　　　　　　　　　　　・再審事由あり→再審開始決定
　　　　　　　　　　　　　　（→審理のやり直し）

1　再審は、中間判決その他の中間的裁判について再審事由がある場合にも認められる。

2　再審の審理は、最高裁判所において行う。

解答　1　○　339条。
　　　　　2　×　再審の管轄裁判所は、再審の対象となった確定判決をした裁判所です（340条1項）。

099 定期金賠償

一定の期間ごとに支払われる賠償金です

> **Q** 一時金で支払って欲しいのに定期金賠償を命ずることは許されるの？
> **A** 原告の意思の範囲内にあると考えるかどうかで決まるよ。

定期金賠償の意義

定期金賠償とは、賠償金について一定の期間ごとに複数回の支払いとする場合をいいます。たとえば、毎月支払う、2ヵ月に1度支払うといった方法で損害賠償金を支払う場合です。これは、一時金賠償に対する概念です。一時金賠償とは、訴訟でその給付が認められる損害賠償金のすべてを1回で支払う場合をいいます。

定期金賠償を命じた
確定判決の変更を求める訴え

定期金による賠償の支払を命じる判決は、将来発生する事由に著しい変更はないという仮定のもとになされるものです。しかし、口頭弁論終結後に「後遺障害の程度、賃金水準その他の損害額の算定の基礎となった事情」に「著しい変更が生じた場合」に、そのまま判決を維持することは妥当性を欠きます。そこで、定期金賠償を命じた判決の変更を求める訴えが認められています（117条）。ただし、その訴えの提起以後に支払期限が到来する定期金に関する部分に限り変更を求めること

ができます。

一時金賠償請求に対する
定期金賠償方式による判決

ここで原告が損害賠償請求の賠償方法として一時金賠償方式を申し立てている場合に、裁判所は定期金賠償方式を命じることができるかという問題があります。判決は、原告の申立ての意思の範囲内でなければならないのでこのような判決が処分権主義違反にならないのかという問題です（030参照）。

この点につき、最高裁は、「損害賠償請求者が訴訟上一時金による賠償の支払を求める旨の申立をしている場合に、定期金による支払を命ずる判決をすることはできない」としました（最判昭62.2.6）。

これが、判例の基本的立場ですが、最高裁はその理由を十分に示していません。この問題について、学説は、肯定説と否定説とに分かれています。

肯定説は、訴訟物たる損害賠償請求権自体が認められるものであれば、一時金賠償と定期金賠償との相違は量的な差異にすぎないと見ることができる

から、一部認容の一態様として原告による申立てがなくとも定期金賠償を命じることができるとします。実質的な理由としては、定期金賠償の場合には、被害者の生活保障機能やその後の変化を取り込むことができるということにあります。

これに対して、否定説（多数説）は、一時金賠償請求に対して定期金賠償を命じるという取扱いは処分権主義に反するとします。一時金と定期金は支払方法の態様の差であり、単なる量的な差異ではないといいます。請求権者は、一時金の必要性あるいは長期の安定した賠償金の必要性等の理由から一時金か定期金かを選択するのですから、両者には質的な違いがあるというわけです。また、実質的な考慮としては、定期金賠償では、賠償義務者の資力悪化の危険を被害者に負わせることになることをあげています。

ポイント

【定期金賠償の確定判決変更の訴え】
❶口頭弁論終結後
❷損害額の算定の基礎となった事情に著しい変更
❸訴えの提起以後に支払期限が到来する定期金に関する部分

ミニテスト

1　確定判決の変更の訴えの制度は、その対象に制限を設けていない。
2　定期金による賠償を命じた確定判決の変更を求めて提起する訴えは、口頭弁論終結前に生じた損害について、口頭弁論終結後に損害額算定の基礎に著しい変更が生じた場合に、訴えの提起以後に支払期限が到来する定期金に関する部分に限り、修正を求めるものである。

解答　1　×　確定判決変更の訴えの制度は、定期金による賠償を命じた確定判決のみに認められています。

　　　　2　○　117条。

100 訴訟費用と弁護士費用

弁護士費用は自分で負担します

Q 訴訟費用は誰が負担するの？

A 敗訴者が負担するのが原則だよ。

■ 訴訟に必要な費用

　民事訴訟をするには費用がかかり、弁護士費用が高額になる可能性も否定できません。また、事件を弁護士に委任し訴訟手続を進めるためには経費（収入印紙代、交通費、通信費、コピー代等）もかかります。

　なお**弁護士の報酬**は、平成16年の弁護士法改正に伴い、完全に自由化されました。

　また弁護士費用とは別に、訴訟費用もかかります。**訴訟費用**とは**裁判費用**および**当事者費用**をいいます。

（1）裁判費用とは、裁判所が手続を進めるのに必要な費用です。**手数料**と**手数料以外の裁判費用**が必要です。

①手数料は、裁判制度の利用者が受益者負担の原則に基づいて支払う費用です。手数料には、(a)裁判を利用する当事者の申立てに関するもの、(b)裁判所書記官が保管する記録の閲覧・謄写、書類の交付を求める当事者の申立てに関するものがあります。

　申立ての手数料の額は訴訟の目的の価額に応じて設定されています。

②手数料以外の裁判費用には、(a)証拠調べ、書類の送達等に必要な費用や(b)裁判所外で裁判官や書記官が事実の調査等をする場合の旅費および宿泊料などが含まれます。

（2）当事者費用とは、当事者や代理人が裁判所に出頭するための旅費、日当、宿泊費、訴状や答弁書等の書類の作成費用です。弁護士費用は、原則として当事者費用には含まれません。ただし、裁判所が選任した弁護士等に支払った報酬および費用で裁判所が相当と認める額は当事者費用となります。

　訴訟費用は、敗訴当事者がこれを負担するのが原則です（**訴訟費用敗訴者負担の原則**）。

　訴訟費用は、判決主文において、当該審級における負担割合が職権で示されますが、その具体的な金額は、**訴訟費用額確定手続**で決めます。この手続は、書面による申立てにより、第一審裁判所の書記官が行います。裁判上の和解の場合には、当事者の特約がない限り、費用は各自が負担します。

　裁判所は、原告が日本国内に住所も事務所も営業所も持たない場合に、被告の申立てにより、決定で、原告に対

し担保提供命令を発します。これは応訴を強いられる被告の利益を考慮したもので、供託された金銭等に対して、被告は、優先弁済権を有します。

訴訟救助

訴訟費用を支払う資力がない者や支払いにより生活に著しい支障を生ずる者に対して、裁判所は、申立てにより、訴訟救助の決定をすることができます。ただし、勝訴の見込みがないとはいえないときに限ります。訴訟救助の決定は、審級ごとにします。この決定の効果は、裁判費用等の支払いの猶予や訴訟費用の担保の免除にすぎず、決定により訴訟費用が免除されるわけではありません。

ポイント

【訴訟に必要な費用】

訴訟費用
❶裁判費用
　・手数料
　・手数料以外の裁判費用
❷当事者費用

弁護士費用

1　裁判費用は、原則として敗訴した当事者が負担する。

2　訴訟費用は、判決主文において、当該審級における負担割合が職権で示される。

3　訴訟費用を支払う資力がない者は、勝訴の見込みがある場合に限り、訴訟救助の制度を利用することができる。

 1　○

2　○

3　×　勝訴の見込みがないとはいえないときに訴訟救助の制度を利用できます。

索 引

202

203

面白いほど理解できる民事訴訟法〈第2版〉

2012年4月5日　初　版　第1刷発行
2021年12月10日　第2版　第1刷発行

編　著　者	株式会社　早稲田経営出版	
	（民事訴訟法研究会）	
発　行　者	猪　　野　　　樹	
発　行　所	株式会社　早稲田経営出版	

〒101-0061
東京都千代田区神田三崎町3-1-5
神田三崎町ビル
電話 03（5276）9492（営業）
FAX 03（5276）9027

組　　版	株式会社　グ　ラ　フ　ト	
印　　刷	株式会社　ワコープラネット	
製　　本	東京美術紙工協業組合	

Ⓒ Waseda keiei syuppan 2021　　　Printed in Japan

ISBN 978-4-8471-4802-6
N.D.C. 327

書籍の正誤についてのお問合わせ

万一誤りと疑われる箇所がございましたら、以下の方法にてご確認いただきますよう、お願いいたします。

なお、正誤のお問合わせ以外の書籍内容に関する解説・受験指導等は、**一切行っておりません。**
そのようなお問合わせにつきましては、お答えいたしかねますので、あらかじめご了承ください。

1 正誤表の確認方法

CYBER TAC出版書籍販売サイト
BOOK STORE

早稲田経営出版刊行書籍の販売代行を行っているTAC出版書籍販売サイト「Cyber Book Store」
トップページ内「正誤表」コーナーにて、正誤表をご確認ください。

URL:https://bookstore.tac-school.co.jp/

2 正誤のお問合わせ方法

正誤表がない場合、あるいは該当箇所が掲載されていない場合は、書名、発行年月日、お客様のお名前、ご連絡先を明記の上、下記の方法でお問合わせください。
なお、回答までに1週間前後を要する場合もございます。あらかじめご了承ください。

文書にて問合わせる

● 郵 送 先　〒101-0061 東京都千代田区神田三崎町3-1-5 神田三崎町ビル
株式会社 早稲田経営出版 出版部 正誤問合わせ係

FAXにて問合わせる

● FAX番号　**03-5276-9027**

e-mailにて問合わせる

● お問合わせ先アドレス　**sbook@wasedakeiei.co.jp**

※お電話でのお問合わせは、お受けできません。また、土日祝日はお問合わせ対応をおこなっておりません。
※正誤のお問合わせ対応は、該当書籍の改訂版刊行月末日までといたします。

乱丁・落丁による交換は、該当書籍の改訂版刊行月末日までといたします。なお、書籍の在庫状況等により、お受けできない場合もございます。
また、各種本試験の実施の延期、中止を理由とした本書の返品はお受けいたしません。返金もいたしかねますので、あらかじめご了承くださいますようお願い申し上げます。

（2020年10月現在）